親子ゼニ問答

森永卓郎　森永康平

角川新書

目次

プロローグ——我が家の金融教育のはじまり

■森永卓郎の場合

子どもたちへの金融教育の必要性を訴える声が高まっている。証券会社や公的機関などが子どもたち向けの投資プログラムを開発し、人気も上々だそうだ。

確かに、昔と比べると子どもたちが経済とふれ合う機会は少なくなった。著者（卓郎《たくろう》）が子どものころは、いまと比べるとみんなが圧倒的に貧乏で、面子《めんこ》もビー玉もベーゴマも、みな賭《か》けの対象だった。ぼんやりしていたら、大切な自分のおもちゃが取り上げられてしまった。

いまでも記憶に残っているのは、ビー玉を使った「商売」だ。学校から帰ってくると急いで公園に駆けつけ、すべり台を占領する。そして砂を使ってすべり台をスマートボール台のように変身させるのだ。「当たり」のポケットを作って、5点とか10点という点数をつける。お客さんにすべり台の上部にビー玉を投げ上げてもらい、当たりのポケットに入れば、点数分のビー玉を渡すのだ。どこにも入らなければ、ビー玉は没収となる。

もちろん、商売でやるのだから、自分たちでビー玉を投げ上げ、ポケットに入りそうで入らないように、配置を工夫する。この方法で、たった1日でバケツいっぱいのビー玉を稼いだこともあった。

一方、ほろ苦い思い出は、「型屋」だ。小学校の正門前に、突然型屋のおじさんが現れて、商売を始める。私たちはまず、型屋のおじさんから素焼きの型と粘土、そして顔料を購入する。型は鯛焼《たいや》きの型のようなもので、そこに粘土を詰めて、はがすと、龍《りゅう》や城などのレリーフができる。そのレリーフに顔料で思いのままに着色するのだ。私たちが作品を完成させて型屋のおじさんに見せると、型屋のおじさんはその作品の出来映えに応じて、点数券で買い取ってくれる。そして作品を無造作に地面に叩《たた》きつけて、壊してしまうのだ。

型屋の露店では、点数券を使って何でも買える。素焼きの型も顔料も粘土も買えるのだ。しかも型屋のおじさんの作品評価は大盤振る舞いなので、子どもたちはどんどん金持ちならぬ点数持ちになる。それが評判を呼んで、新たに客となる子どもがどんどん増えていく。そして、膨大な点数が子どもたちの手に握られたとき、型屋のおじさんは忽然《こつぜん》と姿を消すのだった。

翌年も型屋のおじさんは校門の前に来たが、前の年の点数券を差し出すと、型屋のおじさんは「それは別人だ」とシラを切るのだった。私たちは、そこで「通貨が紙くずになる」という事実を知った。

型屋のビジネスは、ＰＴＡが糾弾し、結局校門前での商売はできなくなってしまった。それ以来、私は一度も型屋のおじさんの姿をみていない。それでも私にとって型屋のおじさんは誰よりも活《い》き活きと経済の姿を教えてくれた「先生」だった。

一方、いまの金融教育はどうだろうか。証券会社の行う子どもたちへの金融教育は、株式投資ゲームであることが多い。

私が子どものころに学んだものとの違いは、「働く」というメニューが含まれていないことだ。すべり台をスマートボール台に変身させるのも、レリーフに顔料を塗るのも、働くことだった。それに比べると、投資ゲームは、単に右から左にお金を動かすだけだ。「お金がお金を生む」というのは、最近流行《はや》りの金融資本主義の大原則だ。日本社会で大金持ちになる人は、もはや一生懸命働いた人ではなく、お金を働かせた人になっている。

しかし、現実がそうだからこそ、子どもたちにまず伝えなければならないのは、働くことの楽しさ、大切さなのではないだろうか。勤労は日本国憲法に規定された国民の義務であり、権利だ。それをないがしろにしたら、世の中は成立しない。

しかも、お金には中毒性がある。お金は海水と同じだ。飲めば飲むほど喉《のど》が渇いていくのだ。短期間に数百億円のカネを手にしたＩＴ起業家と話をすると、不思議なことに気づく。そんな使い切れないほどのお金があっても、まだ増やそうとするのだ。しかも、お金がちょっとでも減ることを極端に嫌う。お金が何かを買うための手段ではなく、目的になってしまっているのだ。

著者（卓郎）は、彼らが幸せだとは思わない。いつも不安にかられているからだ。「いつかライバルに寝首をかかれるのではないか」、「いつか株価が下落してストックオプションの価値が下がるのではないか」、「いつか株主代表訴訟を起こされるのではないか」、「いつか粉飾決算がバレるのではないか」、「いつかインサイダー取引がバレるのではないか」。そうした不安を振り払うために、彼らは24時間走り回り、合コンで気分を紛らわせるのだ。

「使うためのお金」の訓練は、早めに行ったほうがよい。お金は生活を営む上で不可欠な道具だからだ。また、お金に対する基礎知識がないと、悪い人に騙《だま》されてしまう。

一方、増やすためのお金は、大人になってから学べば十分だ。お酒と同じで、あったほうが人生を豊かにしてくれるが、度が過ぎると人生を台無しにしてしまう。それに、知らないからと言って、それで人生を送れないということではない。いま一番必要な金融教育は、「お金は成功の尺度ではない」と伝えることだろう。

ただ、実際に自分自身がそうした子どもへの金融教育をきちんとやれていたかと言うと、心もとない部分がある。

康平《こうへい》は、著者（卓郎）の両親にとっても、妻の両親にとっても、初めての孫だったので、生まれたときから寄ってたかって、可愛がられた。祖父母は、お菓子だろうが、玩具《がんぐ》だろうが、何でも欲しがるものを買い与えていた。

妻の実家の近くに、間口が一間ほどの小さな玩具店があった。康平は、その店がお気に入りで、入り浸っていたのだが、小学校に入る前のある日、康平が店で欲求不満を爆発させるという事件があった。欲しいものは全部買ってしまい、ほかに欲しいものが店にないというのだ。

「これは、まずい」とそのとき、思った。康平は、店にあるものは、全て手に入ると思い込んでいる。そんな考えでは、まともに生きていけないと思ったのだ。

小学校に入ると、おもちゃを買い与えるのを止めて、おこづかい制に切り替えた。おこづかいの範囲内で、何を買うのかを自分で考えなさいということにしたのだ。

ところが、貯蓄をしなさいと勧めたわけではないのに、康平は、今度はお金を貯めはじめた。机の引き出しに、どんどんお金が貯まっていった。康平が大人になって、妻が康平の机の引き出しを整理したとき、次から次にお金が出てきたので、驚いたほどだ。

しかし、それはそれで困ったことだ。お金を使うことも覚えさせせないといけない。小学校の高学年になった頃だったと思う。康平と弟の2人だけで、近所の牛丼屋に行って、好きなものを食べてきなさいと、お金を渡した。2人は、食券を買い、牛丼を食べたのだが、当時、その店にはドリンクバーが設置してあった。「ジュースがいくらでもタダで飲める」と思った2人は、さんざん飲んだ挙句、そのまま店を出た。ただ、店を出たところで、康平の頭に疑問が浮かんだそうだ。「世の中にタダでいくらでもジュースが飲めるなんてことがあるのだろうか」。2人は、徹底討論の末、店に戻り、店員に自分たちがジュースをさんざん飲んだことを告白した。そして、2人は、ドリンクバーの料金を支払って、戻ってきた。長足の進歩だ。世の中にタダはないということを理解したからだ。

調子に乗った著者(卓郎)は、続けざまに2人に課題を与えた。自力で東京の銀座《ぎんざ》に行って、昼食を食べてこいと命じたのだ。我が家から銀座までは電車を乗り継いで、1時間半はかかる。都会を知らない兄弟には大冒険だ。さすがに銀座のランチだと高いだろうと思ったので、1人3000円くらい持たせたと思う。ところが、この挑戦は、大成功とはいかなかった。2人は、なんと銀座のマクドナルドでランチを食べて帰ってきたのだ。「マクドナルドだったら、近所にあるだろう。なんで、銀座まで行ってマクドナルドなんだ」と言う著者（卓郎）に、康平は「だって、銀座を歩きまわって、見たことがあるロゴマークは、マクドナルドしかなかった」と言うのだ。確かに大人でも、初めての飲食店はいくら取られるか分からないので、入るのに勇気がいる。だから、仕方がなかったのかもしれない。しかし、康平は興奮しながら語った。いままで見たことがないものを2つ見たというのだ。話をよく聞くと、それは「白バイ」と「右翼の街宣車」だった。

その後、康平は、中学、高校と進学するにつれて、経済の「土地勘」を身に付けて行った。「門前の小僧習わぬ経《きょう》を読む」ではないが、著者（卓郎）の仕事も、少しは影響していたのだろう。康平は、大学で経済学を学び、社会に出てからは、ずっと金融関係の仕事を続けている。

その意味で、我が家の金融教育は、ある程度の成功を収めたのかもしれない。しかし、いまになって思うと、もう少しうまいやり方があったような気もする。そうしたことを本書のなかで展開していきたい。

■森永康平の場合

「男のくせにお絵かきしてるの？　気持ち悪い」

思えば、クラスメイトからの一言がきっかけだったかもしれない。著者（康平）は幼少期、小児喘息《ぜんそく》とアトピーを患っていたため、運動が苦手だった。１００メートルを全力で走ると軽い発作が起き、汗をかけばアトピーのせいで首や手首、ひじ、ひざなど関節の内側が痒《かゆ》くなる。休み時間になると運動ができない私はお絵かきをしていた。

当時はJリーグが開幕してサッカーブームが始まり、スラムダンクの影響でバスケットボールも大人気だった。野球は相変わらずの大人気で、周りには週末になるとリトルリーグで練習している友人ばかりだった。そんな時代なので、男子がスポーツをしていないと気持ち悪いなどと、いじめられることが普通だった。いまはそんな時代ではないのは分かっているが、いまから25年前はそういうことが日常だった。

何をしているのか分からないが、父親は、平日は毎日家にいなかった。少なくとも、著者（康平）が起きている間に家に帰ってくることはなかった。週末も家にはいるが、タバコを吸いながらパソコンに向かって仕事をしているだけだった。他の家の子はみんな父親に虫捕りや野球に連れて行ってもらっていたのに、我が家だけは違った。本人に言わせれば、魚釣りや化石掘りに連れて行ったと言うが、1年に1回ぐらいだったと記憶している。

当時はインターネットもまだ一般的ではなく、スーパーファミコンなどの据え置き型のゲームを長時間プレイすることも許されなかったので、運動ができない著者（康平）はヒマな時間が多かった。ある日、さすがに育児に時間を割かないことを申し訳なく思ったのか、父親が勤め先であるシンクタンクからレポートに使われた紙を大量に持って帰ってくるようになった。「この紙の裏にお絵かきでもしていろ」、という趣旨だった。

しばらくの間はお絵かきが楽しくて、週刊少年ジャンプを横に置きながら、ドラゴンボールの登場キャラクターの絵を描いたりしていた。いまの時代ほど、オタクに寛容な社会ではなかったので、教室では隠れるようにして絵を描いていたのだが、ある日クラスメイトから冒頭のようにからかわれたのだ。何も悪いことをしているわけではないのに、絵を描いただけで気持ち悪いと言われたことがショックで、その日以来、絵を描くのはやめてしまった。

そうなると、またヒマな日常が始まってしまう。あるとき、このお絵かきをしていた紙の裏側には何が書いてあるのだろうか、と興味が湧き読んでみたが、小学生の著者（康平）には一切理解ができなかった。そこで、ある日父親に教えてくれと頼んだところ、マクロ経済学とミクロ経済学の分厚い2冊の教科書を渡してきて、分からない単語が出てきたら、目次から探して自分で勉強しろと言う。意味も分からないまま、時間があれば読んでは調べるということを繰り返していた。

ときは過ぎ、大学に入って、ようやく教授から経済学を教わる機会を得るのだが、習う内容は既に独学したことばかりであった。大学生活もヒマになってしまったと思い始めた頃、父親がデイトレーダーの本を持ち帰ってきた。読んでみるとテレビゲームが得意で、経済の知識があれば儲《もう》かるという。そこで父親に証券口座を開きたいと相談し、当時一番手数料が安かったオンライン証券会社を教えてもらい、口座を開設して取引をはじめた。このときも父親は何を買えばいいのか、どのように分析するのかを教えてはくれず、独学をする必要があったが、我が家には大量に献本されてきた投資本もあったので、特に本屋や図書館に行く必要はなかった。

その後、プロの投資家が何をしているのかが知りたくて、運用会社や証券会社を転々とし、大学卒業から11年後の２０１８年6月に金融教育ベンチャーの株式会社マネを立ち上げた。著者（康平）が成長過程で自然と金融の知識を身に付けていたことが、大学生になってからさまざまな場面で有利に働くことが多かった経験から、自分の子どもたちにも金融や経済を学ばせたいと思ったのだが、まだ日本には体系だてて金融の知識を身に付けさせるプログラムがないため、自分で作ろうと思い起業した。我が家には3人の子どもがいるが、いろいろと私の試行錯誤に付き合ってもらっている。本書ではその一部も紹介できればと思っている。

また、これまで書いてきたように、個人的には父親から環境は用意してもらったが、教育をしてもらったという認識はないので、父親がどのような教育をしてきたのかということに、いち読者として非常に興味を持っている。

第1章　おやじ、「年収3000万円時代」は見通しが甘かったよな！

■年収３００万円がリッチに見えるとんでもない時代

いまから16年前の２００３年、『年収３００万円時代を生き抜く経済学』（光文社）が発刊され大ヒットとなった。書籍の出版にはタイミングが非常に重要なようで、その前から父は似たような内容を主張していたが、そんな時代来るわけないだろ、と相手にされなかったようだ。しかし、「いまはそうじゃないけど、もしかしたらそうなるかもしれない」と人々の潜在意識の中に不安が芽生え始めたタイミングで発刊された同書は息の長いヒット作となった。事実、その後、日本国民の平均所得は下落していった。まさに予想は当たったように見える。

あれから16年が経ち、皮肉にも予想は悪いほうに外れていってしまっている。国税庁が発表した『民間給与実態統計調査結果』によれば、**２０１７年の平均給与は約３６７万円**となっている。１９９７年からの20年間の推移を見てみると、リーマン・ショック後の２００９年にはピークから68万円も減少した。その時点を底にこの数年では反転して回復しつつあるが、それでも底から17万円しか回復していない。

それでも、まだ３００万円を超えているじゃないかと思われるかもしれないが、**この数**

図表1　平均給与の推移

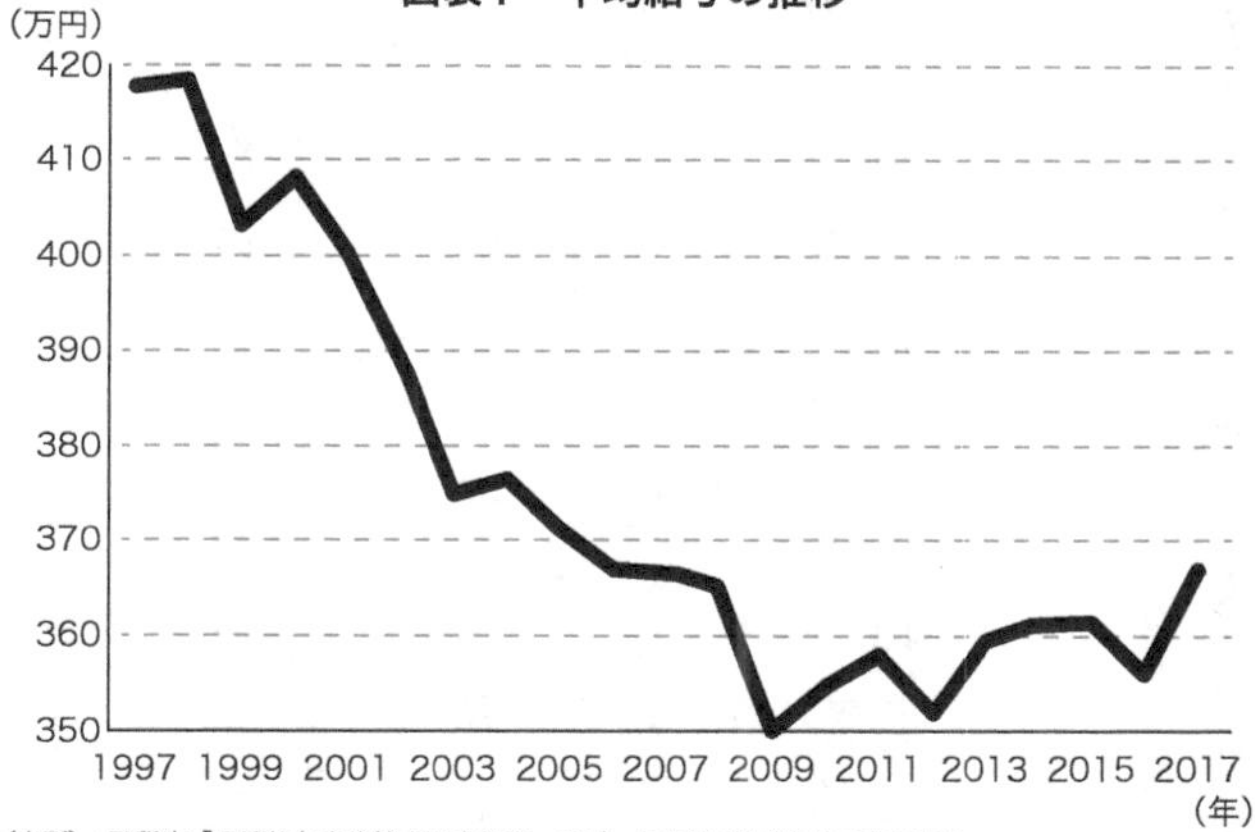

（出所）：国税庁『民間給与実態統計調査結果』のデータを基に株式会社マネネ作成。

値はあくまで平均値だ。平均というのは年収１億円の人も１００万円の人も合わせて計算しているため、実感よりも高く出る性質がある。

それでは、違うデータを用いて、より実態に近い数字を見ていこうと思う。総務省統計局が発表した『労働力調査（詳細集計）平成30年平均（速報）』によれば、２０１８年平均の役員を除く雇用者５５９６万人のうち、正規の職員・従業員は前年に比べ53万人増加し、３４７６万人。非正規の職員・従業員は84万人増加し、２１２０万人となっている。つまり、**雇用者の37・9%は非正規雇用**であることが分かる。世の中で働いている人の４割近くは非正規雇用ということだ。

それでは非正規雇用の平均給与はどれぐらいなのだろうか。国税庁が発表した『民間給与実態統計調査結果』によれば、**2017年の非正規雇用の給与（給料・手当と賞与を足したもの）は175・1万円**だ。このデータを見て、どう感じるだろうか。もはや年収300万円は人々を不安にさせる言葉ではなく、むしろリッチな人にすら見えてしまうのが現状なのだ。

生活にかかる費用には下限があり、引き下げることにも限界がある。それでも収入は少なくなっていく。そんな時代だからこそ、金融に携わる人だけでなく、全ての人にお金の知識が重要となってくる。それにもかかわらず、日本では金融教育を受ける機会は皆無だ。学校で教えてくれない以上、自分たちで身に付けていくしかない。そして、子どもたちには親が家庭で教えていくしかない。本章では金融教育がなぜ重要なのかをさまざまなデータを見ながら実感してもらえればと思う。さて、ここで本件については父親に話を聞いてみたい。

康平　『年収300万円時代を生き抜く経済学』が自身のヒット作としてあるわけだけど、公表されているデータを見てみると、日本の現状は当時予想していたよりもひどいよね。

卓郎　ここまで日本の現状が悪化するとは予想できなかった。でも、当時は年収３００万円時代が訪れると言っても、誰一人まともに聞いてくれなかったんだ。むしろ、「アイツはトンデモ経済学者だ」とか、散々な言われようだったんだよ。

康平　たしかに、日本人に限らず、人間は自分だけは大丈夫と思いがちだよね。行動経済学でいう「正常性バイアス」みたいなものかな。今後はどうなると思う？

卓郎　第４次産業革命と呼ばれるように、これからは人工知能（ＡＩ）やロボットに人間の仕事は奪われていく。野村総合研究所の２０１５年12月発表の試算では、**49％の仕事が人工知能に置き換えられる**とされていて、**40～50年先には９割が置き換えられるかもしれない**。そうなると、ベーシックインカム制度が現実味を帯びてくる。１年間、最低限度の生活を保障する額だけが国から支給されるということね。そうなると、いまのサラリーマンは３つの選択肢から１つ選ばなければいけない。①富裕層を目指して、ひたすらハゲタカのように毎日を過ごす。②サラリーマンとして、奴隷のように会社にしがみつく。ただ、ここで実現できるのは中流程度。③ベーシックインカムを基礎にして、アーティストになる。この３つだ。

康平　なんか、大袈裟《おおげさ》なことを言っているようにも聞こえるけど、もしかするとそんな未来が待っているのかもね。いずれにせよ、自分の身は自分で守るという傾向は強くなっていく一方だろうから、**金融教育は日本国民全員に必須《ひっす》になってくる**のは間違いないね。

■少子高齢化が進む日本

日本では少子高齢化が進行している。一般的に65歳以上を高齢者と呼ぶが、総務省統計局の『人口推計』によれば、日本の総人口は2017年10月1日時点で1億2671万人、65歳以上の人口は3515万人となっており、総人口に占める割合（高齢化率）は27・7%にのぼる。つまり、周りを見渡せば**4人に1人以上は高齢者である**ということになる。

著者（康平）が生まれた1985年時点では高齢化率はわずか10・3%だったが、この30年で高齢化率は2倍以上に高まったということが分かる。さらに2050年には高齢化率は37・7%まで上昇すると推計されている。

次ページの図からも分かる通り、日本では人口減少と少子高齢化が顕著に進んでいる。15~64歳を現役世代、65歳以上を高齢者として分けた場合、1950年時点では1人の高齢者を12・1人の現役世代が支えればよかったのだが、2017年には1人の高齢者を

図表2　日本における少子高齢化の推移

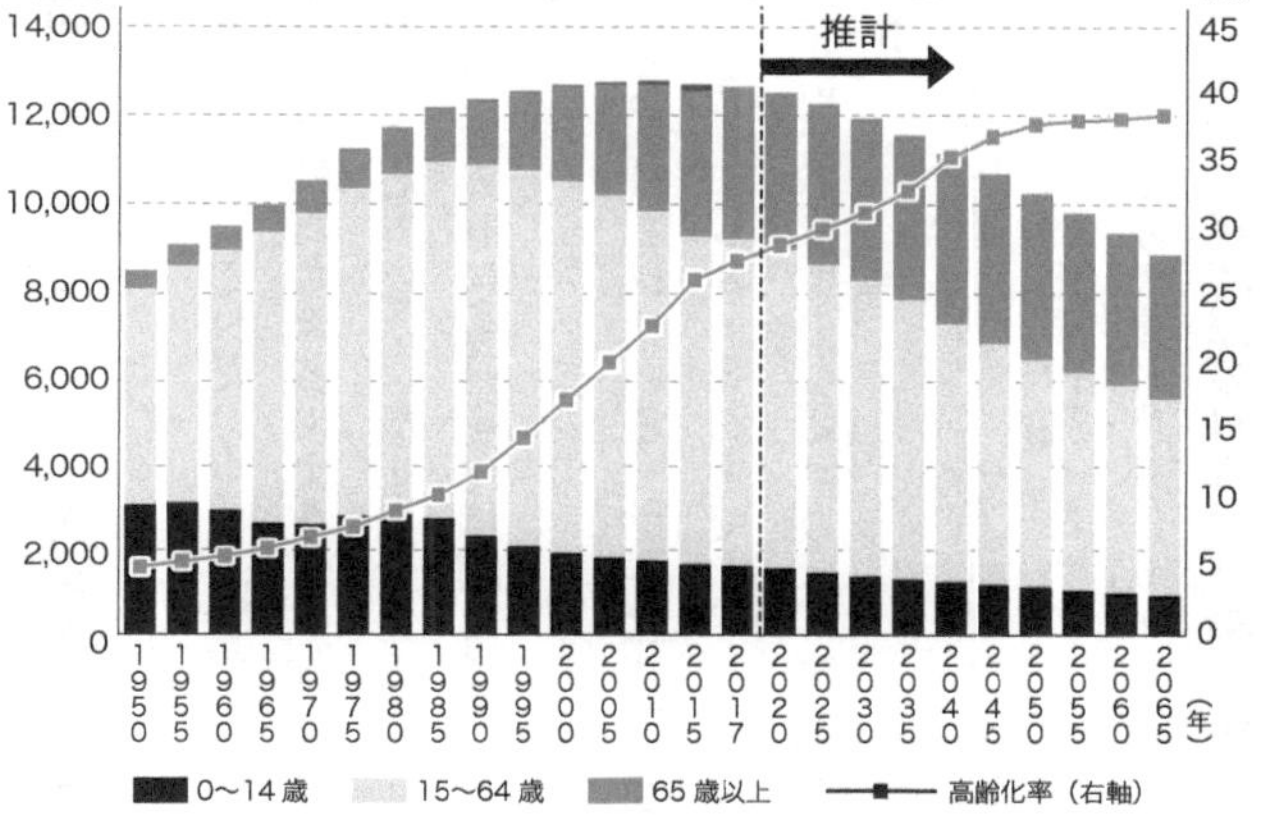

（出所）：総務省『国勢調査』、総務省『人口推計』、国立社会保障・人口問題研究所『日本の将来推計人口（平成29年推計）』を基に株式会社マネネ作成。

2・2人の現役世代が支える状態になっており、**2065年には1人の高齢者を1・3人の現役世代が支えなくてはいけなくなる**と推計されている。

　このデータからも分かる通り、この50年間で日本の人口構成は大きく変わり、そして、これからの50年間でもその変化は加速していく。さて、このような社会変化の中において、過去につくられた社会保障制度や年金制度は機能し続けるのだろうか。残念ながら、答えはノーだろう。つまり、これからを生きていく私たち、そしてその子どもや孫は今まで以上にお金のことについては自分で自分を守っていかなくてはいけないのだ。

■世界最速で高齢化社会を迎える日本

それでは、これだけ少子高齢化が進み、今後もさらに少子高齢化が進むと予想される日本に住む私たちはどのようにすればいいのだろうか。他国の例を参考に打開策を見つけてみたいと思ったが、データを見るとそれは難しそうだ。

実は世界的にも高齢化は進んでいる。国際連合によれば、2015年の世界の総人口は73億8301万人であり、2060年には102億2260万人と、遂《つい》に100億人を超えると推計されている。世界全体で見た高齢化率は、1950年は5・1%だったが、2015年には8・3%まで上昇している。さらに2060年には17・8%にまで上昇すると推計されており、**これからの50年間で日本と同様に高齢化は加速していく**と予想されている。

世界を国連基準で「先進地域」と「開発途上地域」に二分すると、当然ながら先進地域のほうが高齢化率は高くなっている。2015年時点では先進地域の高齢化率は17・6%、開発途上地域の高齢化率は6・4%だが、2060年には先進地域の高齢化率は27・6%と2017年時点の日本の高齢化率とほぼ同じ水準まで上昇し、開発途上地域の高齢化率

図表3　世界の高齢化率の推移

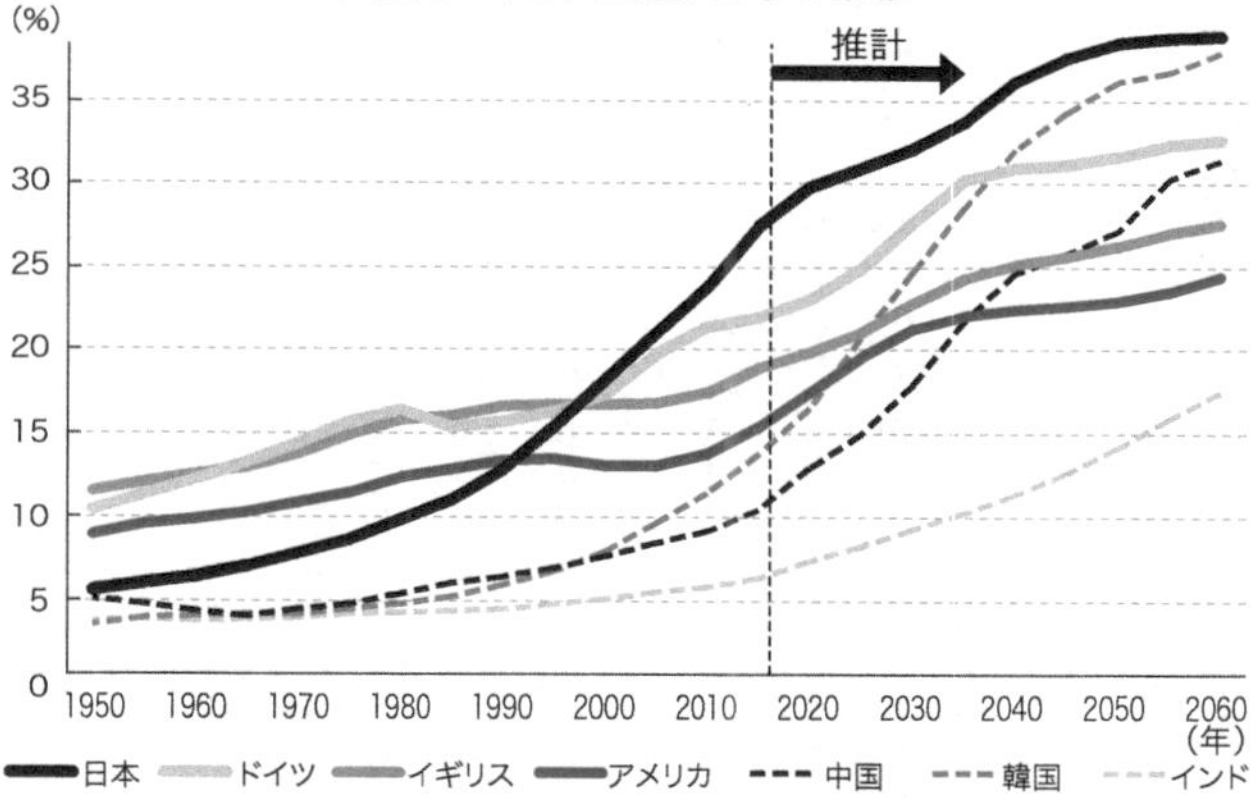

（出所）：国連『World Population Prospects:The 2017 Revision』、総務省『国勢調査』、総務省『人口推計』、国立社会保障・人口問題研究所『日本の将来推計人口（平成29年推計）』を基に株式会社マネネ作成。

は16・3％と一気に加速するのだ。

世界的に高齢化が進んでいることが分かったので、より具体的に国ごとのデータも見ていこう。上図は世界主要国の高齢化率の推移を表しているが、日本は世界最速で高齢化が進んでいることが分かる。1995年まではドイツやイギリスなどの欧州各国よりも高齢化率は低かったのだが、2000年に逆転すると、そこからは一気に日本の高齢化率は加速していった。

このデータからも分かる通り、高齢化の問題は程度の差はあれど、世界各国が直面する問題であり、最も深刻な状態にある日本がどのような対応をするのか、むしろ世界各国が参考にしているのかもしれない。

■80歳で死んでも、若いのに可哀想といわれる時代

日本が世界でもトップクラスの長寿大国であるということはご存じかと思う。厚生労働省が発表した『平成29年簡易生命表』によると、２０１７年における日本人男性の平均寿命は81・09歳、日本人女性の平均寿命は87・26歳となっている。実感と比べてみてどうだろうか。**既に男女共に平均寿命が80歳を超えている**のが現状だ（図表４）。

第２次世界大戦直後の平均寿命は男性が50・06歳、女性が53・96歳であったことを考えると、この70年の間に日本人の寿命が男女ともに30歳以上も延びていることが分かる。この要因としては栄養状態の改善や、医療技術の進歩が挙げられるだろう。

図表４は先程の簡易生命表と、国立社会保障・人口問題研究所が発表した『日本の将来推計人口（平成29年推計）』を基に作成した男女別の平均寿命の過去実績と今後の予測値のグラフだ。グラフを見ればひと目で分かるのだが、２０６５年に向かって、さらに平均寿命は延びていくと予測されている。女性は２０６５年には平均寿命が91・35歳と90歳を超えるのだ。平均寿命が90歳を超えるということは、当然ながら１００歳を超えている女性を目にすることも珍しくなくなり、**80歳で亡くなると、比較的若くして亡くなったとい**

図表4　男女別平均寿命の推移

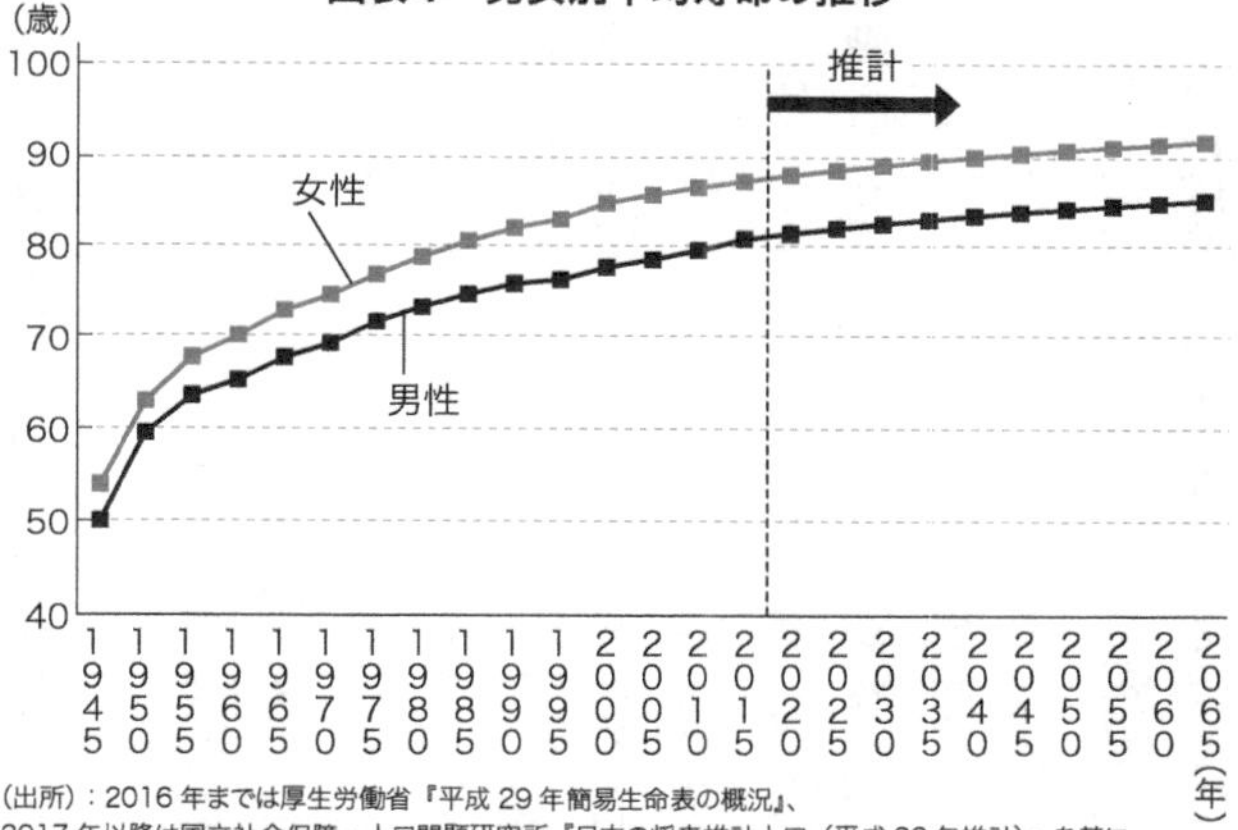

(出所)：2016年までは厚生労働省『平成29年簡易生命表の概況』、
2017年以降は国立社会保障・人口問題研究所『日本の将来推計人口（平成29年推計）』を基に
株式会社マネネ作成。※推計値は死亡中位推計の場合。

う印象を持たれるということになる。すごい時代だ。

最近は至るところで「人生100年時代」という言葉を目にする。随分と大袈裟な表現をするなぁ、と感じたこともあったが、データを見てみると日本に限っていえば意外と的を射た表現なのかもしれない。

このデータだけを見ると、日本は国民が長生きできる良い国じゃないかと思うかもしれないが、長生きすることで生じる問題も出てくるのだ。もちろん健康の問題もあるが、昨今深刻になっているのは高齢者の貧困問題だ。やはり、ここでもお金の問題が出てくるのだ。

■老後生活に備えていくら貯めればいいの？

老後生活というと、定年退職をしてからの生活を想像する人も多い。これまでも定年年齢の引き上げについては議論がなされてきたが、ここでは65歳で定年を迎えて退職し、90歳まで生きると仮定しよう。すると、老後生活は25年間ということになるが、この期間を現役時代に築いた資産でやりくりしなくてはいけないということになる。それでは、老後生活を迎えるまでにいくらのお金が必要になるのだろうか。

公益財団法人生命保険文化センターが発表した『平成28年度生活保障に関する調査（速報版）』によると、夫婦で老後生活を送るために必要とされる**日常生活費は、最低でも月22万円**となっている。既に老後生活をされている人や、自分たちの親の生活を見て、この金額をどう感じるかは人それぞれだが、この数字を基に計算をすると、「22万円×12カ月×25年間」という数式より、**定年までに6600万円が必要**ということになる。

この計算結果を見て、どのような感想を持つだろうか。現役時代に家を買えば住宅ローンを払い続け、子どもがいれば教育資金もかかってくる。それらを全て払ったうえで6600万円貯めておく必要があるということだ。少し暗い気持ちになってしまっただろうか。

でも、安心してほしい。

総務省統計局が発表した『平成29年家計調査（家計収支編）』によれば、高齢無職世帯のうち高齢夫婦無職世帯（夫65歳以上，妻60歳以上の夫婦のみの無職世帯）の実収入は20万9198円となっており、そのうち年金を含む毎月の社会保障給付は19万1880円となっている。つまり、老後は2カ月分の年金が隔月で振り込まれるわけだから、この**社会保障給付の金額の25年分を算出すると、5756万4000円**となり、先程定年までに貯めておかないといけないと書いた金額の6600万円からこの金額を差し引けば、不足分は843万6000円となるので、一気に不安は吹き飛んだのではないだろうか。

さらに明るい情報がある。定年退職を迎えると、勤め先から退職金がもらえる。人事院が発表した『民間企業の退職金、企業年金および、国家公務員の退職給付金（2017年4月発表）』によれば、退職一時金と企業年金（使用者拠出分）を合わせた退職給付額は民間企業が2459万6000円、公務員は2537万7000円となっており、平均すると2499万円になる。つまり、退職金がこの平均的な水準で支給されれば、先程の843万6000円の不足分も十分に解消されるわけなので、前提条件に変化がなければ、老後については、そこまで悲観的になる必要はないといえるだろう。

■ただ生きるのではなく、豊かに暮らすために必要な金額は？

先程、夫婦で老後生活を送るために必要とされる日常生活費は月22万円というデータをお見せした。しかし、よく読み返していただきたい。〝最低でも〟22万円と書いてあるのだ。つまり、旅行やレジャーなどの余暇や趣味に係る費用も含めた、ゆとりある老後生活を送るためにはさらに12万8000円の上乗せが必要とされている。それでは、毎月の必要資金を34万8000円として計算をし直すと、どうなるのだろうか。**老後に必要となる資金は前述の6600万円から、1億440万円に跳ね上がってしまう。**先程計算した金額の約1・6倍にもなってしまった。こうなると、もはや何も対策をせずに現役時代を過ごすと、豊かな老後生活は送れないのではないかということになる。

■退職金はないものとして考えたほうが良い

さらにもう1つ、私たちが老後に備えてなるべく早く老後資金を意識して動き始めたほうがいいと思われるデータをお見せする。厚生労働省が発表した『平成30年就労条件総合

図表5　退職金のある企業の割合とその額の推移

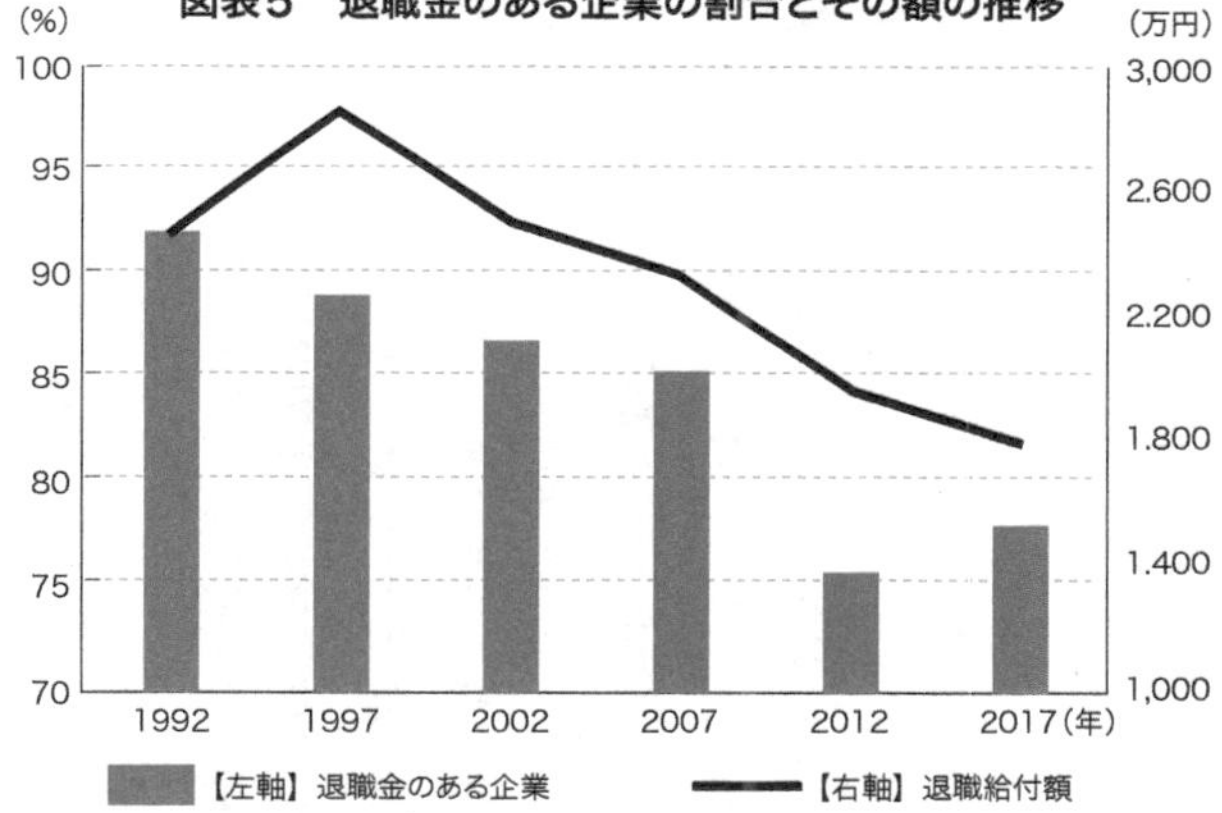

(出所)：厚生労働省『就労条件総合調査』を基に株式会社マネネが作成。
(注) 大卒者（管理・事務・技術職）の1人平均退職給付額。退職給付（年金・一時金）がある企業の割合。
※2017年のデータは、「常用労働者30人以上である会社組織の民営企業」で、「複合サービス事業」を含まない集計となっており、厚生労働省が提示している時系列比較用の数字を使用しているため、文中に出でくる数字（80.5%）よりも低くなっている。

調査』によれば、全国の企業6370社を対象とし、調査に応じた3697社のうち、退職給付（一時金・年金）制度がないと回答した企業は19・5％と2割近くに上っている。つまり、退職金をもらえると思っている人も、データ上では2割近くの人は退職金がもらえない企業で働いているということになる。

それでは、退職金の平均額を時系列でみてみよう。同資料によれば、1997年の退職金平均額は2868万円となっているが、2017年には1788万円となっている。つまり、この20年の間で1000万円以上も減ってしまったことになる（図表5）。

なぜ、これまで著者（康平）がしつこく公的なデータだけを並べているかというと、主観を交えずに事実を知ってほしいからだ。しかし、このような統計データは必ずしも現実に即していないという点には注意してほしい。なぜなら、基本的には大企業が主な調査対象であり、中小企業や零細企業まで全てを完璧《かんぺき》に網羅していないからだ。中小企業庁が発表した『2018年版 中小企業白書』によれば、**会社員のうち70・1％は中小企業に勤めている**というデータがある。それを考慮すれば、先程のデータが当てはまる人はそれほど多くないといえるだろう。

当然ながら、企業の規模と退職金の額は比例する。東京都の『平成30年版 中小企業の賃金・退職金事情』によれば、大卒者が定年まで勤め上げた場合の「モデル退職金」は、従業員数が100〜299人の企業であれば約1516万円なのに対し、10〜49人だと1136万円となっている。

つまり、実際は先程の試算以上に、老後資金を現役時代に貯めることは難しいということが分かる。それ故に、お金のことは1日でも早くから学び始め、自分の生活を自分で守らなければならないのだ。

■大学生が破産する国、日本

これまで主に老後資金の備えを1日でも早く始めたほうがいい理由について書いてきた。もしあなたがまだ学生で、これまでの内容を読んで、「社会人になったら老後資金を備えるために、一生懸命働いて、資産運用にも挑戦しないといけないな」と思えたのであれば、非常に素晴らしい心掛けだ。しかし、社会人になる前の大学生時代にも落とし穴は潜んでいるのだ。読者が大学生ではなかったとしても、子どもや孫が大学生になるときに備え、ぜひこの言葉には気を付けてほしい。「奨学金破産」という言葉だ。

日本学生支援機構が発表した「日本学生支援機構について（平成30年3月）」によれば、平成28年度における**学生数に対する奨学金貸与割合は2・7人に1人となっている**。10年前の平成18年度の貸与割合が3・7人に1人だったことを考えると、この10年間で奨学金を利用する学生がいかに増えたかが分かるだろう。

奨学金自体の利用は悪いことではないが、事前に中身を理解しないまま利用することは危険であり、卒業後の人生にも大きな影響を与えてしまう可能性がある。同機構が発行している『平成30年度　奨学金ガイド』には明確に記載されているが、奨学金の返還は貸与が終了した翌月から数えて7カ月目から始まる。言い方を変えれば、卒業してから半年後から返還が始まると考えていいだろう。順調に毎月返還できていればいいが、延滞すると年率5％の延滞金が賦課される。返還開始から6カ月以上経過した時点で3カ月以上延滞した場合は、**個人信用情報機関に延滞者として登録される**。そうなれば、クレジットカードの審査に通らなかったり、利用を停止されたりする可能性がある。当然ながら、住宅ローンも組めなくなる可能性もある。

同機構が発表した『平成28年度奨学金の返還者に関する属性調査結果』によれば、奨学金は返還義務があると「申込手続きを行う前」に知っていた人は、無延滞者に限ると89・1％と9割近いのに対し、延滞者では50・5％と約半数にとどまっている。延滞者の認知状況をさらに細かく見ていくと、貸与終了後に返還義務を知った人の合計は20・7％で、その半数以上にあたる11・5％は「延滞督促を受けてから」知ったと回答している。

借りたものは返すのが当り前じゃないかと思う方もいるかもしれないが、闇金から借りるわけではなく、**公的機関からの援助だと勘違いしてしまう学生も少なくない**のだ。奨学金を借りる前に調べたり、契約する際に書類をしっかりと読んだりするべきだと言う方もいるかもしれない。しかし、ついこの間まで高校生として、部活や勉強に一生懸命取り組んでいた子どもたちに対して、あまりにも要求が高くないだろうか。

本来はこのような話も金融教育の一環として、大人が子どもたちに早い段階から教えておくべきなのだ。何も難しい専門用語や数式を教える必要はない。「借りたものは返す」、「何もなくお金をもらえることなんてない」、このような当り前の話を、実例を交えてシンプルに教えてあげればいいのだ。

■生活保護受給者に変化が！

いろいろと不安になるようなことばかり書いているが、そんなに貧しそうな高齢者を周りでは見ないという声も出てくるかもしれない。しかし、こちらもデータを見れば明らかに高齢者の貧困が既に問題となりつつあることが分かるだろう。

貧困と言えば生活保護を受給しているという印象があるかもしれない。それでは、ここで生活保護を受給している世帯について、世帯の種類別に分けて長期の時系列データをみてみよう。生活保護受給世帯数は１９９２年から増加傾向にあるが、図表６を見ると２０００年以降は、「母子世帯」や「障害傷病者世帯」に大きな変化はないことから、いかに

「高齢者世帯」の受給世帯数が増えているかが分かるだろう。2000年時点では「高齢者世帯」の受給世帯数は34万世帯であったが、2016年時点では84万世帯と2・5倍以上に増えている。つまり、そもそも、**この10年近くはずっと高齢者の貧困率が上昇してきていた**ことが分かる。

高齢者になったときに貧困に陥るのは現役時代にしっかりと準備をしていなかったからであって、しっかりと準備さえしていれば恐れることはない。そう思う方はまだ多いだろう。それでは、あなたはしっかりと準備ができている人に含まれているのだろうか。

総務省統計局の『家計調査報告（貯蓄・負債編）―平成29年（2017年）平均結果―（二人以上の世帯）』を基に作成した図表7の左側を見ていただきたい。40歳以降は貯蓄から負債を引いた額がプラスとなり、以降は貯蓄が貯まっていくように見えるだろう。60〜69歳の部分では2177万円の貯蓄があるわけなので、前述のゆとりある老後生活も実現可能だと思うかもしれない。

しかし、この統計の問題点は、負債を抱えていない富裕層なども全て同じ扱いで統計化されていることにある。そこで、負債を抱えている層だけに絞ったのが図表7の右側だ。統計の抽出方法を変えると、40〜49歳までは負債額のほうが貯蓄額よりも多くなっている

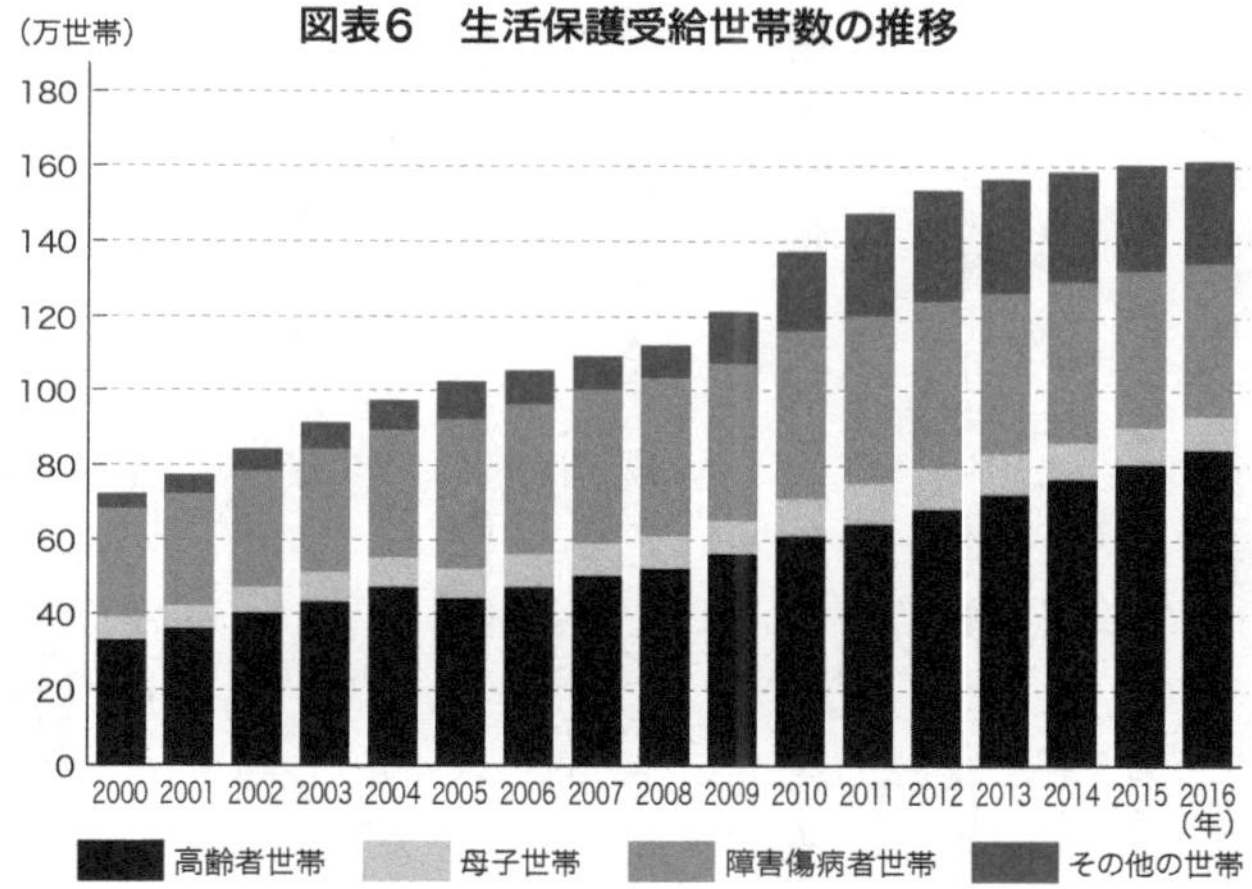

（出所）：厚生労働省『被保護者調査』を基に株式会社マネネが作成。

図表７　世帯主の年齢階級別貯蓄・負債現在高

年齢層	貯蓄高（万円）	負債高（万円）	差額（万円）
40歳未満	602	1,123	**▲521**
40〜49歳	1,074	1,055	19
50〜59歳	1,699	617	1,082
60〜69歳	2,382	205	2,177
70歳以上	2,385	121	2,264

➡

年齢層	貯蓄高（万円）	負債高（万円）	差額（万円）	負債保有世帯の割合
40歳未満	533	1,893	**▲1,360**	59.3%
40〜49歳	924	1,629	**▲705**	64.8%
50〜59歳	1,414	1,159	255	53.2%
60歳以上	1,628	885	743	18.0%

（出所）：総務省統計局『家計調査報告（貯蓄・負債編）－平成29年（2017年）平均結果－（二人以上の世帯）』を基に株式会社マネネが作成。

ことが分かる。全体の約65％にあたるため、こちらのほうがより現実的な数字と考えて問題ないだろう。この抽出方法で見れば、50～59歳でやっと貯蓄から負債を引いた額がプラスになるものの、わずか255万円に過ぎず、60歳以上においても743万円と1000万円にも届かないのだ。

このようにさまざまなデータを読み解くと、**いまの現役世代はほとんどの人が高齢者になったタイミングで貧困に陥るリスクを持っている**と言っても過言ではないことが分かるだろう。しかし、これは何もまだ起きていないことを予言しているわけではない。既に高齢者の貧困は毎年、現象として大きくなってきているのだ。

■単身世帯の増加はさらなる悲劇を生む

高齢者の貧困リスクが高まりつつある理由の1つとして、高齢者世帯の単身化が挙げられるだろう。我が国における一人暮らしをする人の推移を5年おきに時系列でみると、高齢者が占める割合が右肩上がりとなっており、その傾向は今後も継続すると推計されている。高齢者の単身世帯が増えると、これまで見られてきた子ども世帯からの扶助を受けら

図表8　65歳以上の一人暮らしの推移

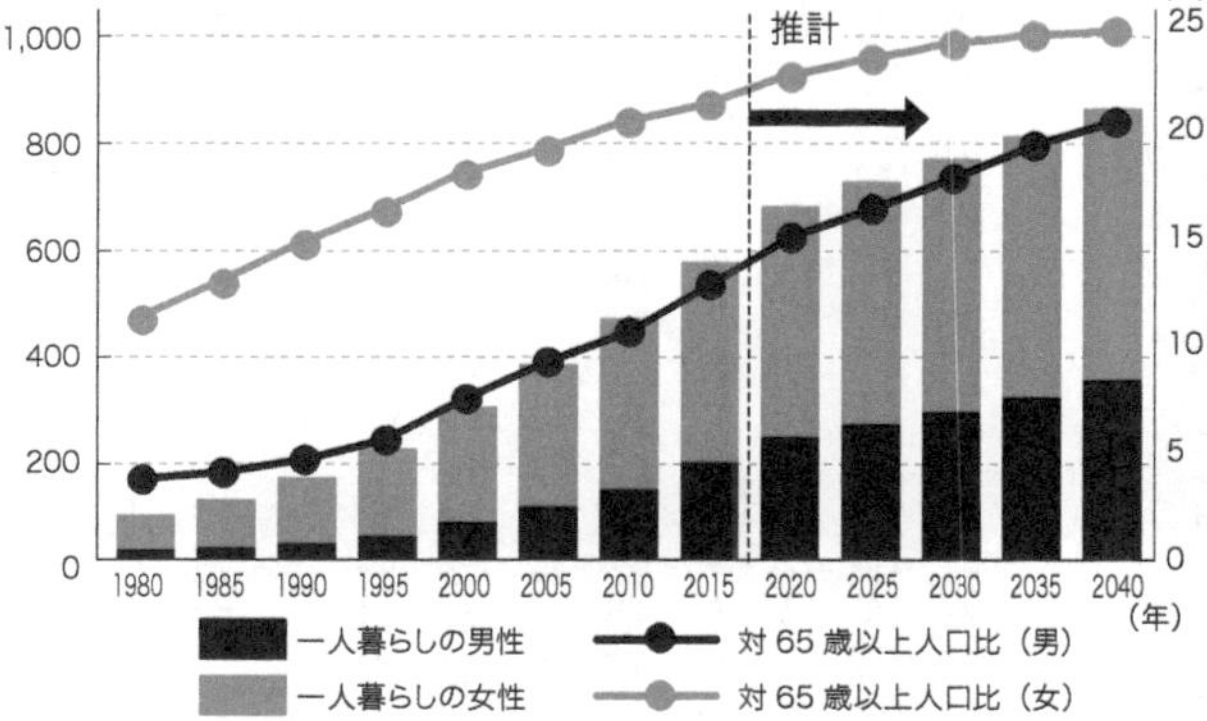

（出所）：2015年までは総務省『国勢調査』による人数、2020年以降は国立社会保障・人口問題研究所『日本の世帯数の将来推計（全国推計）2018（平成30）年推計)』による世帯数を基に株式会社マネネ作成。
（注）「一人暮らし」とは、上記の調査・推計における「単独世帯」又は「一般世帯（1人)」のことを指す。

れない世帯が増えることを意味する。

厚生労働省が発表した『年金制度基礎調査（老齢年金受給者実態調査）平成28年』によれば、65歳以上の収入に占める公的年金の割合の平均は70％を超えており、生活費の大半を年金に依存しているわけだが、ボリュームゾーンである65歳以上70歳未満における世帯の公的年金の平均額を見てみると、単身世帯は１３６・９万円に対し、夫の年齢が65歳以上70歳未満の夫婦世帯は２４１・１万円と**単身世帯よりも75％以上多く受給している**ことが分かる。つまり、高齢者世帯の貧困リスクが全体的に高まっているなかで、特に単身世帯の貧困リスクが突出して高いことがデータからは読み解ける。

現役時代の収入がなかなか伸びないなかで、一生独身でいい、子どもはいらないと思う人が増えたり、晩婚化が進んだりすることで、結果的に少子化が進行するということが現在進行形で認められるわけだが、そのような状況が将来的な高齢者の貧困という問題をより大きくしていくのだ。

現在、日本は非常にまずい負のスパイラルに陥っている。国の成長については数多くの経済学者たちがいろいろな分析をして、さまざまな提言をしているが、難しいことは置いておいて、シンプルに言えば、**人口が減ることは国にとっては明らかにマイナスだ**。さらに言えば、日本では**人口減少だけでなく少子高齢化が進んでいることが問題だ**。このまま日本の国力が低下していってしまうと、これからを生きていく子どもたち、孫たちといった若い世代には大変な未来が待っている。日本が高い経済成長を遂げ、世界第2位の経済大国であった時代、日本は中国の安い労働力を活用していた。中国経済が大きな成長を遂げると、今度は東南アジアに安い労働力を求めに行き、今度は中国を巨大な市場の1つとして、さらに成長を遂げた。しかし、これからの日本は逆転現象に巻き込まれるかもしれない。

既にアジア各国からは日本は高品質で安いものが多いということで、非常に多くの観光客が訪れてきているが、今後は、日本人は安いし正確な作業ができるということで、海外からみたときの高品質で安い労働力を供給してくれる国という位置づけになりかねない。

■日本のシングルマザーの生きづらさは世界トップクラス

大学生や高齢者の貧困について書いてきたが、ワーキングプアという言葉に代表されるように、若年層の貧困も問題になっている。前述のようにこれだけ非正規雇用が増えればそうなるのも自明の理だ。しかし、他にも日本では世界的にみても特筆すべき貧困層が存在する。それがシングルマザーだ。

我が家の3人の子どものうち2人が女の子なので、この問題については特に気になってしまう。かなり先の話なので、そもそも結婚するのかも分からないし、離婚するかどうかも分からない。しかし、厚生労働省が発表した『2017年　人口動態統計』によれば、離婚率（人口千対）は1・70‰となっている。実際には、よく耳にするような3組に1組が離婚するというほどは離婚する人は多くないものの、それでも自分の娘が将来シングルマザーにはならないとは断言できないのだ。

図表9　就業の有無による「ひとり親世帯」の貧困率

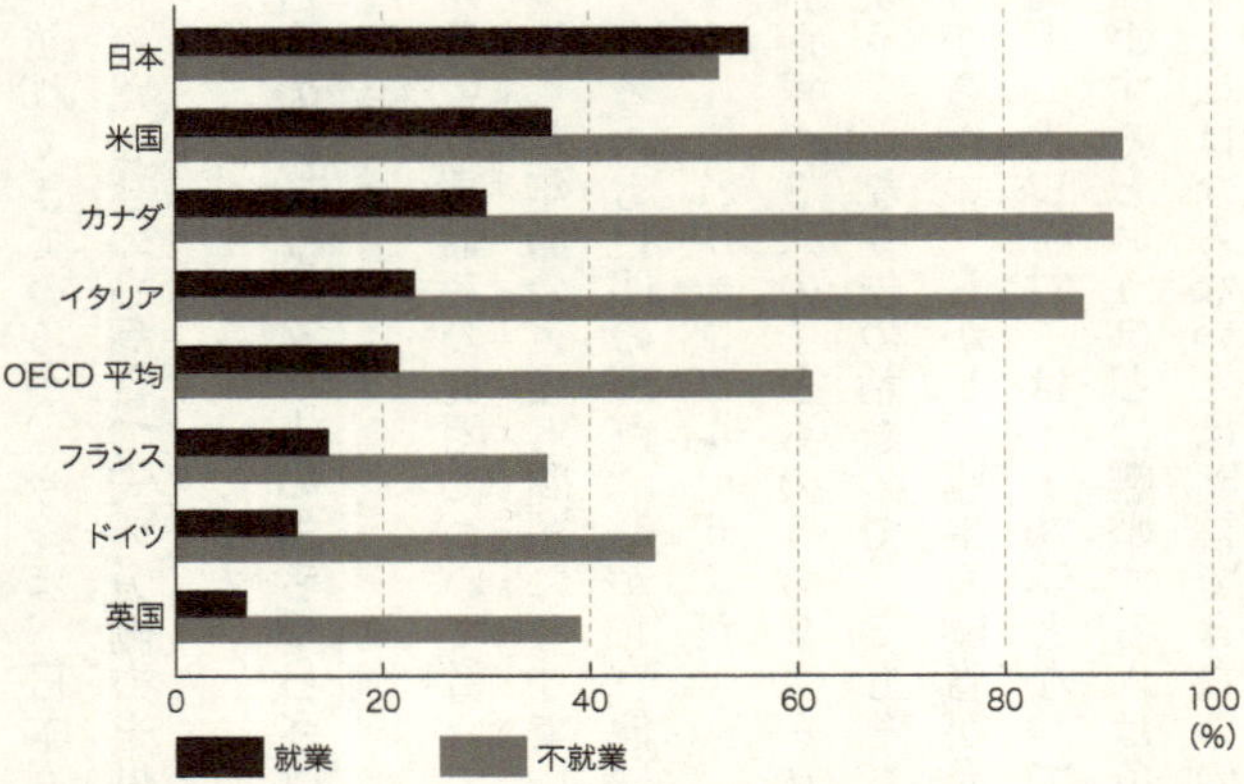

（出所）：OECD『Educational Opportunity for All; Overcoming Inequality throughout the Life Course 2017』を基に株式会社マネネ作成。

このシングルマザーの貧困について、日本は不名誉なデータを持っている。２０１７年にＯＥＣＤ（経済協力開発機構）が発表した『Educational Opportunity for All』によれば、ひとり親世帯で、なおかつ親が就業している場合の相対的貧困率（全国民の所得の中央値の半分を下回っている割合）は、日本が54・6％とＯＥＣＤ加盟国平均の21・3％を大幅に上回って、断トツとなっているのだ。

当然、離婚をする場合、シングルマザーになるケースもあれば、シングルファーザーになるケースもあるため、シングルマザーだけを取り上げるのはおかしい話なのかもしれないが、データを見ればそれも仕方のないことといえるかもしれない。

厚生労働省が発表した『平成28年度全国ひとり親世帯等調査』によれば、親が非正規雇用の割合は母子世帯が43・8％なのに対し、父子世帯だと6・4％だけだ。当然、この非正規雇用率の差は世帯収入の格差に直結している。**母親自身の平均年間就労収入が２００万円なのに対し、父親自身の平均年間就労収入は３９８万円**であり、その差は約2倍となっている。

このような男女間における雇用形態の違いによる収入格差を埋めるためにも養育費があるわけだが、同資料によれば養育費を受けている（または受けたことがある）世帯のうち、養育費の額が決まっている世帯の平均月額は母子世帯では4万３７０７円に過ぎない。しかも、**養育費の取り決めを文書でしている母子世帯は全体の31・5％と半分にも満たず、**さらに強制執行認諾条項付きの公正証書を持っているのは25・0％と全体のわずか4分の1だ。

その結果、**シングルマザーの56・0％は一度も養育費を受け取ったことがなく、**15・5％が一時期は養育費を受け取っていたものの、現在は受け取っていないという現状だ。

離婚の理由はさまざまだが、そもそも離婚をする前提で結婚する人はいないだろう。ということは、離婚をする場合、ほとんどのケースでは深く考えを巡らせ、準備万端な状態で離婚することは少ないだろう。それが故に、養育費の取り決めや、離婚後の生活について考えることもできず、貧困のスパイラルに巻き込まれていくことが多いのだ。奨学金破産の際にも書いたが、離婚時の養育費の取り決めや、その後の生活の送り方なども金融教育の一環として子どもに情報を与えておくべきなのであろう。

■炎上した金融庁の「老後資金2000万円不足報告書」について

日本では平均寿命がさらに延び、世界でも先例がないほどの高齢化社会になるということを、データを基に見てきた。なにひとつ不自由なく老後生活を過ごせるのであれば、長生きは素晴らしいことだ。しかし、ほとんどの人には確実にお金の不安は生じるはずなのだ。ただ、不安がっていても何も解決しない。まずは現実を知るべきだ。そのなかで、老後の資金をめぐって、大きな議論を巻き起こした報告書がある。金融庁が2019年6月3日にまとめた「高齢社会における資産形成・管理」という報告書だ。この報告書が、**65歳から95歳までの老後生活を年金収入だけで暮らすには2000万円の貯蓄が必要だ**としたことが大きな論争を呼んだのだ。

立憲民主党の辻元清美《つじもときよみ》国会対策委員長は、「政治の責任を放棄したと言わざるを得ない」と糾弾し、蓮舫《れんほう》参院幹事長は、「日本は、一生懸命働いて給料もらって、勤めあげて、退職金をもらって年金をいただいて、それでも65歳から30年生きると、２０００万円ないと生活が行き詰まる、そんな国なんですか」と政府を追及した。野党は、この問題を参議院選挙の争点にしていく構えだ（２０１９年６月原稿執筆時点）。

報告書の推計は、きわめてシンプルなものだった。現在、無職の高齢２人暮らし世帯は、収入が21万円に対して支出が26・５万円と、月５万５０００円の赤字となっている。この赤字を65歳から95歳までの30年間積み上げると約２０００万円になるというのだ。

この報告書については連日メディアが取り上げ、ＳＮＳ上でもかなり話題となり、いわゆる炎上となった。ここでは卓郎、康平の本件に対する所感を紹介したい。

■卓郎の所感

著者（卓郎）は、金融庁報告が試算した２０００万円という数字は「甘い」と思っている。１つの理由は、人間は95歳までに死ぬとは限らないことだ。将来生命表では、２００

0年生まれ女性の20％が100歳まで生きる。そして4％が105歳まで生きるのだ。統計学の世界では、一般に5％以上の確率があることは、「あり得る」として扱われる。つまり、**105歳まで生き残ることはあり得る**のだ。だから、安心して老後を過ごすためには、105歳まで、40年間の生活資金を考えておく必要があるのだ。

もう1つの理由は、公的年金が今後大きく削減されていくことだ。2014年の財政検証で明らかになったように、**現在の65歳年金支給開始を守る限り、公的年金の給付水準は将来的に、いまより4割も減少する**。

この2つの要因を考慮し、①年金が今後20年間にわたって2％ずつ減少して、その後横ばいになる、②105歳まで生きる、という2つの仮定の下で計算すると、**老後資金の不足金額は5780万円に達する**のだ。

普通のサラリーマンにとって、そうした貯蓄は、ほとんど実現不可能だ。それでは、どうしたらよいのか。

すぐに思いつく方法は、2つある。1つは、資産を運用して増やすことだ。しかし、いまはリターンが取れる時代ではない。預金はゼロ金利だし、国債を買ったとしても金利はゼロだ。もちろん、株式や海外資産を買えば、ある程度のリターンは取れる。しかし、そこには価格変動や為替《かわせ》のリスクが存在する。実際２０１８年に金融庁が行った調査では、**投資信託を買った顧客の46％が損失を出している**。絶対に負けの許されない老後資金をリスクにさらしてはならない。だから高齢期の投資は、やめたほうがいい。

もう１つの方法は、**70歳まで働き続ける**ことだ。政府は、その方法を推進しようとしている。もちろん、私は働くこと自体には賛成なのだが、60歳を過ぎて生活のために、安い賃金で、やりたくない仕事を続けるというのは、とても幸せな老後とは思えない。

だから、**老後は、収入を増やすことを考えるのではなく、支出を減らすことを優先すべきなのだ**と、私は考えている。

生活の基本は、収入の範囲内で暮らすことだ。だから無理をして不可能な額の貯蓄に挑むのではなく、最終的に夫婦で13万円にまで減少する厚生年金の範囲内で暮らすことを考えるのだ。それは、けっして不可能なことではない。

家計で最も大きな支出は、住居費だ。住居費は、都心から離れれば離れるほど安くなる。いま、住居のトレンドは、都心近くかつ駅近だ。現役バリバリのときは、職住接近が必要かもしれないが、定年を迎えたらその必要はなくなるのだ。

もちろん、田舎に住めば、タダ同然で家は手に入る。しかし、田舎は、人間関係が濃すぎるので、ついていけない人が多い。また、過疎地は、物価が高くなるので、生活は厳しい。たとえば、水道料金は、自治体によって7倍もの格差があるが、料金の高い自治体には、北海道や東北の市町村が多く並んでいる。一方で、郊外の市町村は、総じて水道料金が安い。ある程度の人口密度がないと、水道料金を安くできないのだ。そうした傾向は、物価全体でも言える。家賃や人件費が安く、価格競争が激しい郊外は、物価が低めになるのだ。

だから、私は、**老後は都会と田舎の中間、トカイナカに住むのが、一番よいと考える。**東京中心に考えたら、圏央道周辺の都市だ。具体的な地名だと、海老名《えびな》、八王子《はちおうじ》、入間《いるま》、久喜《くき》、つくば、茂原《もばら》といった地域だ。家賃や物価が安く、人間関係も適度の距離感で、しかも都会に行きたければ、さほど時間もコストもかけずに出かけることができるのだ。

政府は、貯蓄を増やすために70歳まで働き続けろと脅している。しかし**男性の健康寿命は72歳だ。70歳まで働いたら悠々自適の生活はたった2年で終わってしまう。**都心居住にこだわって、やりたくもない仕事を老体にムチ打って続けるよりも、トカイナカでカネにはならないが楽しい仕事を続けながら、ゆったり暮らすほうが、ずっと幸せな老後なのではないだろうか。

実は、著者（卓郎）は、２０１８年から群馬県昭和《しょうわ》村で農業の「修業」を始めている。私は、農業のことを何も知らなかった。マルチをどう張るのか、トマトやナスの芽欠きをどうするのか、種をどの深さまで、どの向きで埋めたらよいのか。そういったことをプロの農家からひとつひとつ教わっている。あと数年かけて技術を習得したら、自力で野菜作りを始めようと思う。素人が農地を買うのは、色々と規制があって大変だが、トカイナカには貸農園がいくらでもある。料金も年間数千円という安い金額のものがあるから、コスト的にも問題がない。

昭和村の畑には、孫たちも一度連れていったのだが、まだ小さくて、農業がよく分からなかったようだ。ただ、これからも機会があれば連れていこうと思う。**自分の食べるものは、自分で作る。それも広い意味での金融教育だ。**

■康平の所感

著者（康平）は本件について、当初炎上した理由を理解できないでいた。第１章のなかで書いてきた内容は既に何年も前から公にされてきた数字だけを使って分析した内容だ。

今回の報告書と中身はそこまで変わらない。つまり、炎上した報告書の中身は特に斬新《ざんしん》な内容ではなくて、いままでも四則演算ができれば誰にでも算出できた当り前の数字でしかないのだ。

そもそも、SNS上で騒いでいる人たちは原本を読んだのか疑問である。この報告書の21ページから一部抜粋する。

「夫65歳以上、妻60歳以上の夫婦のみの無職の世帯では毎月の不足額の平均は約5万円であり、まだ20～30年の人生があるとすれば、不足額の総額は単純計算で1300万円～2000万円になる。この金額はあくまで平均の不足額から導きだしたものであり、不足額は各々の収入・支出の状況やライフスタイル等によって大きく異なる。当然不足しない場合もありうるが、これまでより長く生きる以上、いずれにせよ今までより多くのお金が必要となり、長く生きることに応じて資産寿命を延ばすことが必要になってくるものと考えられる。重要なことは、長寿化の進展も踏まえて、年齢別、男女別の平均余命などを参考にしたうえで、老後の生活において公的年金以外で賄わなければいけない金額がどの程度になるか、考えてみることである。それを考え始めた時期が現役期であれば、後で述べる長期・積立・分散投資による資産形成の検討を、リタイヤ期前後であれば、自身の就労状況の見込みや保有している金融資産や退職金などを踏まえて後の資産管理をどう行っていくかなど、生涯に亘る計画的な長期の資産形成・管理の重要性を認識することが重要である。」

あくまで単純計算の結果であり、平均値を使ったと書いてあるし、おのおのによって必要額は変わってくるという記載もある。いろいろな反応に対してしっかりと考慮された書き方であるが、どうも「年金制度は破綻《はたん》した」というニュアンスで取り上げているメディアも論調も多い印象である。

なぜこの報告書がここまで炎上したのか、個人投資家や専門家、投資とは現在縁のない現役世代の知人・友人など、数多くの人に取材をしたところ、**そもそも定年退職以降は年金だけで現役時代と変わらない生活ができると思い込んでいる人が多かった**ということだ。そこにきて、急に「定年退職までに2000万円貯めろ」と言われたことがショックだったのではないかということだ。

少しでも公開されているデータを見て、簡単な計算をすれば、**自助努力なしではゆとりある老後生活は送れないということは誰にでも分かるはずだ**。今回の一連の騒動を受けて、あらためて金融教育が日本では求められるのだと実感した。

麻生太郎《あそうたろう》財務大臣が報告書を受け取らないと発言したり、自由民主党の森山裕《もりやまひろし》国会対策委員長が「この報告書はもうなくなった」と発言したりするなど、報告書を作成された方々には大変残念な状態となっているが、結果的には炎上したことで、これまで一切何も考えてこなかった層にも問題提起ができたり考えるきっかけを提供できたという点では、想定していなかった形ではあるかもしれないが、それなりに良い影響を与えられたのではないか。

第2章　3世帯に1世帯が貯蓄ゼロ

～「まず貯めろ！」は間違ってなかった～

■3世帯に1世帯が貯蓄ゼロという現実

さて、第1章では数多くのデータを基に、1日でも早くお金の知識を身に付けて、老後に備えるべき理由を見てきた。ただ貯めるだけでは十分な備えにはならないということは十分理解していただけただろう。それでは、どのように資産運用をすればいいのか。それは次の章で紹介するとして、本章ではそもそも資産運用をしようと思ってもできない人が相当数いるというデータを見ていきつつ、まずは「貯める」ことの重要性について見てみよう。

金融広報中央委員会が発表した、『家計の金融行動に関する世論調査 平成30年調査結果』によれば、単身世帯で金融資産を保有していない世帯は、2018年は38・6%、2人以上の世帯では22・7%となっている。2018年から調査方法が変わったため、参考までに2017年の数字も書いておくと、単身世帯が46・4%、2人以上の世帯は31・2%であった。だいたい**3世帯に1世帯は貯蓄がゼロといっても問題ない**だろう。これが現実だ。資産運用をするにも、運用する資産がないのだ。さらにいえば、不慮の事故や病気で急遽《きゅうきょ》入院するなど、不測の事態が発生した際に、何も手の打ちようがない状態の人がこれだけ多くなっているのだ。

このような状況下では、まず貯めることが重要になってくる。従来は日本人は根っからの貯蓄好きであり、欧米に比べて資産運用にお金を回さないと言われてきたが、昨今は資産運用にお金を回さないのではなく、回せないのかもしれない。貯蓄をするためには、貯蓄を構成する項目を細分化して考えたほうがいいだろう。式で表すと「貯蓄＝収入－（固定費＋変動費＋社会保険料や税金）」と考えることができる。

すると、**貯蓄を増やしたいのであれば、収入を上げるか、収入から差し引く数字を小さくするかの二択しかない**ことが分かる。収入を上げるためには転職して労働条件を良くしたり、副業（複業）をしたりして収入源を増やすなどが考えられる。この点については本書のテーマではないので深掘りはしない。一方で、収入から差し引く数字を小さくするという点だが、社会保険料や税金については対策のしようがないとすると、いかに固定費と変動費を下げるかがポイントとなりそうだ。

ここでいう固定費とは、家賃や光熱費、通信費などを指す。毎月同じ金額が発生するため、この部分を減らすと家計の試算が容易になる。また、収入が低ければ低いほど、固定費の比率は高めになる傾向があるため、この部分を見直して減額できれば、貯蓄に回せる金額も増えるだろう。身の丈に合わない高い賃貸は早々に解約すべきだし、携帯についても契約プランを見直すなども効果的だろう。

つぎに変動費だが、ここには食費、交際費、趣味などの費用が含まれる。お金の管理があまい人はこの部分が膨らみがちだ。あるから使ってしまうという側面もあるので、この点を管理するためには銀行を活用するといいかもしれない。引き出すのに面倒な口座を1つ作り、毎月給料日に一定額をその口座に預け入れて積み立てていくといいだろう。

「貯蓄＝収入－（固定費＋変動費＋社会保険料や税金）」という式で考えてきたが、「使えるお金＝収入－貯蓄」という考え方のほうがしっくりくる人もいるかもしれない。つまり、**貯蓄がない人というのは、収入を全て使っているということになる。**よって、あらかじめ毎月貯蓄にまわす金額を決めておき、収入からその額を差し引いた額の中で1カ月を過ごすクセをつけるとよい。

■ある日、子どもが聞いてきた。「銀行って何をするお店？」

子どもがいる家庭はよく分かるかもしれないが、子どもは外の世界に出るとあらゆるものに興味を示す。我が家でも街中を散歩していて、既に名前を知っている店の看板を見かけると、指をさして名前を連呼する。「セブン－イレブンだ！　コンビニ、コンビニ」といった感じで、業務内容も知っている場合は名前の後に説明してくれる。しかし、まだ幼いので、全ての店を理解しているわけではない。

ある日、銀行の看板を指さして、「あのお店はなんていう名前？」と聞いてきた。店外に見えるように貼ってある定期預金や投資信託のポスターの下に、女の子に人気のキャラクターの人形が置いてあったので気になったようだ。「この店は銀行って言うんだよ」と説明したが、不思議そうな顔をするだけで、全く理解していない。すると、立て続けに質問が来た。「銀行って何をするお店？」

著者（康平）は子ども向けの金融教育事業をしているし、大学生のときは集団塾で4年間アルバイトをしていたので、子どもの質問ほど回答の難易度が高いものはないと身をもって知っている。やはり、この質問にもどう答えるか考えてしまった。

「お金を預かってもらうお店だよ」。なんとなく、うまく答えられたと思ったが、むしろより疑問が増えてしまったようだ。「なんで、銀行に預けるの？　私たちはおこづかいを豚の貯金箱に預けてるよ」。ごもっともな質問に少し困ってしまったが、「お父さんの給料はみんなのおこづかいよりも多くて、豚の貯金箱には入りきらないから預けているんだよ」と話したところ、なんとか納得してくれたようだった。

安心したのもつかの間、やはり質問はいくつも浮かんできたらしく、その後もやり取りは続いた。ひと通り質問内容を聞いていて思ったのは、たしかに大人になるまで銀行の機能について学んだ記憶はないということだ。もしかしたら社会の授業で少しは習ったのかもしれないが、少なくとも著者（康平）は何も覚えていない。今を生きる大人でさえ、しっかりとお金の知識を身に付けて備えていかないといけないということは、既に大量のデータと共に主張してきたことだが、いま以上に厳しい環境を生きていかないといけない子どもたちも、これまでと同様に金融教育を受ける機会がないまま大人にさせてしまうのだろうか。学校で義務教育として金融教育が実施されることを望むのはあまりにも無責任だ。いつか、そのような未来が来るとしても、いまこの瞬間に知識を必要としている子どもたちには何もできなくなってしまう。

そこで思い立った。せっかく子どもが興味を持っているのだから、できるだけ実体験を通して知識を身に付けてあげたい。金融教育に限らず、教育の基本だが、強制はいけない。子どもが興味を持ったときに、すぐ情報や知識を手に入れられる環境をつくることが教育者の責務だ。それなら、実際に銀行口座を作ってしまおう。

■子どもの銀行口座を一緒に開設しに行こう

子どもが何かに興味を持ったら、なるべく刺激を与え続けたい。銀行に興味を持ったのであれば、実際に店舗に連れて行ってあげて、中を見せてあげるといいだろう。普段行くスーパーやデパートとは雰囲気が違うことにまず気づくはずだ。子どもの年齢にもよるが、さまざまなパンフレット、株価や為替《かわせ》の情報が流れるディスプレイなど、新たに興味の対象になるようなもので溢《あふ》れている。

しかし、実際に店舗に行くのであれば、子どもの銀行口座を開設してあげるとさらにいいだろう。子どもには銀行口座など必要ないと思われる方もいるかもしれないが、我が家の子どもは３人とも既に銀行口座を持っている。毎月のおこづかいは百円玉が２枚にすぎないため、豚の貯金箱に貯めていくことが可能だが、お年玉や誕生日、入園・入学祝いなど、紙幣をもらう機会も早々に訪れる。紙幣の場合は間違えて破ったり、絵を描いたりする可能性もあるので、子どもの銀行口座に預け入れていっている。

ＡＴＭや支店へ行き、通帳に記帳することでどれだけ貯まってきたかを確認するのもいいし、最近ではネット銀行だけでなく、メガバンクや地銀もネットバンキングに対応しているため、スマートフォンやパソコンからも残高を確認することができる。最近の子どもには意外とこちらのほうがなじみやすいかもしれない。

著者（康平）の銀行口座にまつわる話を1つしよう。私はおこづかいをもらい始めたのは小学校に入ってからで、毎月、学年数に１００円をかけた額をもらっていたと記憶している。つまり、小学3年生のときは３×１００円で３００円だった。いま思い返せば理由は分からないが、小学生時代の著者（康平）は貯金箱にお金を貯めるということができず、自分の部屋にあった学習机の引き出しに直接貯めこんでいた。しかし、お年玉など親戚《しんせき》からそれなりの額をもらった時は親に預けていた。そのため、もらったお年玉がどれぐらい貯まったかはあまり把握できていなかったが、なんとなくこれぐらいあるのかな、という感覚を基に、少し高い買い物をする時は都度親に話をして、お金をもらっていた。

大学生になったときに母親に銀行へ連れて行かれたのだが、そのときに初めて自分の銀行口座の存在を知った。想像していたよりは貯まっていた。いまとなってみれば、その貯めていっている過程を都度通帳に記帳しながら観察していたかったものだが、考え方を変えると当時の私のスタンスこそが貯蓄することだけが目的なら、最適なスタンスだったのかもしれない。もし、常に口座の中にどれだけあるかを把握していたら、使いたいと思ったときに使ってしまっていたかもしれない。前述したが、まずお金を貯めたいという人は、毎月給料の一定額を機械的に定期預金に積み立てていき、その口座の存在をしばらく記憶から消してしまうのが一番いいだろう。

■預金の種類を聞かれたら、メリットとデメリットを話す

銀行に行くと、さまざまなキャンペーンの広告があるが、子どもが気になるのは預金にもいろいろと種類があることだ。これは意外と高校生や大学生になっても気になる部分のようで、過去に高校や大学で授業をさせてもらった際、学生たちと話をしていると、資産運用の方法だけでなく、どのタイプの預金がいいのかという話題も多かった。

著者（康平）はこの話をするとき、銀行預金は大きく分けて3つあると教えていて、普通預金、定期預金、そして外貨預金の3つを挙げている。この3つについて教えるとき、どれがいいという話し方ではなく、メリットとデメリットを併せて説明してあげると、預

金の種類だけでなく、リスクとリターンの関係についても理解できるようになるかもしれない。

まず誰もが知っている普通預金。メリットはいつでも引き出せるということだろう。既に銀行口座さえ開設されていれば、そこに給料を振り込んでもらったり、自動的に家賃や光熱費、クレジットカードの利用代金を引き落としてもらったりすることもできる。一方でデメリットは何かということだが、実はそれほどないのかもしれない。普通預金のデメリットは、他の預金と比較したときに発生すると考えていて、それは利子の低さだ。現在は0・001％前後だから、100万円を1年預けても約10円の利子しか付かない。10年預けていても100円しか利子は付かないのだ。

次に定期預金だが、メリットは普通預金よりはわずかとはいえ、金利が高いことが挙げられるだろう。一方で、デメリットとしては、一定期間は基本的に引き出すことができない不便さが挙げられる。しかし、考え方を変えれば、本章の冒頭で書いたように、貯蓄を頑張りたい人にとっては簡単に引き出すことができないのはいいことで、しかも多少なりとも普通預金より高い金利が付くのであれば、メリットしかないともいえるのかもしれない。

最後に外貨預金だが、メリットは日本円の金利に比べて高い金利が付くことだろう。米国ドルやユーロといった先進国の通貨であっても日本円よりは高い金利が付くし、オーストラリアドルなどの資源国通貨や、トルコリラ、ブラジルレアルなどの新興国通貨であれば、さらに高い金利が付くことになる。一方で、デメリットとしては為替が変動することで、為替差損が発生し、金利分を考えても元本が毀損《きそん》する可能性があることだ。当然ながら、米国ドルやユーロに比べて、新興国通貨は為替が変動するリスクは大きい。

この一連の説明から、物事にはメリットとデメリットが両方存在し、基本的にはおいしいだけの話はなく、リスクを取ることで高いリターンが期待されるということが理解できるようになるだろう。詳しくは第4章に譲るが、この世においしい話などないのだ。これも金融教育における非常に重要な教訓なのだ。

■なんで預けているだけでお金が増えるの？

日本では長期間にわたり超低金利状態が続いているので、いまの子どもたちには実感しづらいかもしれないが、銀行の店頭にいけば低いとはいえ、定期預金や投資信託の購入などによる金利キャンペーンの広告ポスターが大量に貼ってあるため、少しは利子というものの存在を知ることができる。ネット銀行に口座を開くにしても、ウェブサイトにいけばさまざまな金利キャンペーンのバナーを目にするだろう。

著者（康平）は仕事柄、2回りほど歳の離れた先輩たちと話をさせていただく機会が多いのだが、資産運用の重要性について意見交換をしていると必ず聞く話が、「昔は10年ぐらい貯蓄しているだけでも倍ぐらいに増えたんだけどね」というものだ。著者（康平）の2回りほど上の世代というと、ちょうど私の父親も同世代だ。いい時代を過ごしたんだなぁと思う。

10年で倍になるということは、7・2％近い金利が付いたというわけで、超低金利しか知らない著者（康平）にとっては想像もつかない世界だ。ここで**「72の法則」**という言葉を紹介しておきたい。複利で資産を運用する場合、何％の年利で運用すれば元本が倍になるかを計算する方法だ。具体的には72を年利（％）で割ると、元本を倍にするまでにかかる年数が算出できるという式になる。たとえば、元本100万円を0・01％で運用すると、72÷0・01＝7200となる。つまり、**100万円を金利0・01％の銀行に預けていても、元本が倍になるまでには7200年もかかる**ことになる。一方で、**年間3％で**

運用すれば、72÷3＝24なので、元本が倍になるには24年かかるという計算になる。

さて、超低金利時代とはいえ、利子の存在を知ると子どもは不思議に思うことが出てくる。「なぜ預けているだけでお金が増えるのか」ということだ。自分の貯金箱に貯めていってもいるお金は一切増えないわけだから、その疑問はごもっともだ。しかし、この疑問にうまく答えてあげることで、子どもは社会の仕組みの一端を知ることができるだろう。

まず、銀行にお金を預ける人がいて、銀行はそれを預かる。当然だが、この時点では増える理由はない。子どもが不思議に思うのは、この自分から見えている世界だけで物事を考えているからだ。銀行は預かったお金をそのまま金庫に入れて保管しているわけではなく、お金を必要としている企業に融資する。子どもには融資と言わず貸してあげていると言えばいいだろう。ただ、銀行としてもただお金を融通しているだけだと、2つの点で問題が起きる。1つは、銀行で働く人たちの給料を払ったり、銀行の支店の家賃や光熱費などを払ったりすることができない。もう1つは、なかには約束通り返してくれない企業が現れるため、そのまま融通すると、返してくれない企業が増えれば増える程銀行は自分のお金で預金者にお金を戻さなければいけなくなってしまう。

そこで、銀行は金利というかたちで貸した企業から、貸した金額よりも多めにお金を返してもらうようにする。この多めに払ってもらったお金、すなわち金利から、銀行の運営費と、預金者に付与する利子を払っているのだ。子どもの年齢にもよるだろうが、さすがにこの話を急にされても理解できないかもしれない。しかし、仮に将来子どもが起業するとなったとき、「あのとき、親が話していたのはこのことだったのか」と気づくときがくるだろう。**子どもへの金融教育には即効性を期待するべきではなく、どこかでふと理解するときが来ると期待するぐらいがちょうどいい**のだ。

■みんなが銀行に預ける理由はなんなんだろう?

さて、預金の種類や利子についてはひと通りの説明ができるようになったわけだが、子どもからすれば新たに根本的な疑問が出てくるだろう。それは、「なんで、みんな銀行に預けるの?」という理由だ。たしかに、利子の話をしてしまうと、この疑問はより強くなってしまうだろう。昔のように10年預けていれば倍になるというのならまだしも、いまや大金を10年預けていたとしても、ほとんど利子は付かない時代なのだから。

もしかすると、この点については最近の子どものほうが理解は早いかもしれない。主に

２つの理由があると考えていて、１つ目は現金で保管するリスクを回避するためだ。仮に全ての預金を家の引き出しやタンスに貯めていたとすると、泥棒が入ってきて盗まれる可能性もあれば、火事が起きて全て燃えてしまう可能性がある。その点、銀行に預けておけばその心配はない。仮にお金を預けた支店に泥棒が入ったり、火事が起きたりしても、銀行として預かっているので、問題なく引き出せる。また、**預金保険制度があるため、仮に銀行が破綻《はたん》しても、１つの銀行につき預金者１人当たり「元本１０００万円までと破綻日までの利息等」が保護される**のだ。

２つ目の点は、銀行口座にお金を入れておくことで、便利になるサービスが多いということが挙げられる。たとえば、銀行口座に預金があれば、家賃や光熱費を自動的に引き落としてもらうことができる。もし仮に自宅で全ての現金を保管している場合は、毎月まとまった現金を持って行って大家さんに手渡ししたり、コンビニで光熱費を払ったりしなくてはいけない。これはあまりにも面倒だし、危険だ。移動中に財布を落としたり、すられたら一発でアウトだ。また、高価なものを買わなくてはいけないときも、銀行口座に預金があればクレジットカードで支払うことができるが、このときも現金を自宅で保管している場合は、その都度大金を持ち歩くリスクを抱えてしまう。それ故に、銀行で口座を開設すると、「一緒にクレジットカードも作りませんか?」と聞かれるのである。

この点については最近の子どものほうが理解は早いかもしれないと前述したのは、最近ではQRコード決済や、モバイルアプリ間での送金などのサービスが一般的になりつつあるからだ。これらのサービスは非常に便利だが、当然ながらサービスに対応している銀行に口座が開設されていることが利用の前提となっている。

著者(康平)はインドネシアや台湾《たいわん》といったアジア諸国に住んでいた経験があるが、この点では日本より進んでおり、さまざまな金銭の授受がオンライン上で行われている。中華圏では旧正月(通常は1月末や2月上旬)になると、赤い封筒にお金を入れて、職場の部下や子どもたちに渡す文化がある。日本でいうところのお年玉と考えればいいだろう。昨今はLINEやWeChat(LINEの中国版)上でこのお年玉をあげたりもしているのだ。

■銀行口座は複数持っていてもいい

みなさんは銀行口座をいくつ持っているだろうか。1つしか持っていないという人は意外と多いのかもしれない。30代も半ばになると、同年代の友人と飲んで子どもの話をすることも増えてくる。仕事柄、子どもにどのように金融教育をすればよいのか、質問を受けることもある。これまでに書いてきたように、銀行口座を作るのもいいのではないか、という話をする。そのときはたまたま、ある銀行が「子ども名義の銀行口座を開設して、1000円以上入金すると1000円のキャッシュバックをする」というキャンペーンをしていたため、その銀行を紹介したところ、既に子ども名義の銀行口座は他行で開設したからいらないという。銀行口座の開設自体は無料なので、別にもう1個新しく開設すればいいのではないかと言ったところ、「銀行口座は1つでいい。自分も1つしか持っていないし、複数あっても意味がない」という反応が返ってきた。

たしかに、いくつも銀行口座があっても管理が面倒なのは同感だ。しかし、お金の管理がうまくできない人や、なんとしても貯めたい人は管理能力が高まるまでは複数の銀行口座を持っていてもいいと考える。

これは大学生や社会人向けの話にはなるが、まずはアルバイトや仕事の給与が振り込まれる口座を用意する。そして、振り込まれた金額を**3つの口座**に振り分ける。**貯蓄用、生活費用、引き落とし用の3つだ**。手動で各口座に振り込むことも可能だし、面倒なら自動送金も可能だ。他行への送金には費用がかかるケースもあるので、その点はよくサービスの説明を読んでいただきたい。

最近では1つの銀行口座の中で目的別口座を作成することも可能な銀行もあるが、銀行を分けてしまったほうが、より強制力は働くだろう。

まず貯蓄用の口座だが、これはネット銀行の定期預金が最適かもしれない。メガバンクよりもネット銀行のほうが、金利が高めに設定されていることが多いからだ。この口座に振り込まれたお金については、基本的には触れてはいけない。キャッシュカードを作らないぐらいの覚悟を持つとよいだろう。

つぎに引き落とし用についてだが、こちらの口座には住宅ローン、家賃、携帯電話などの通信費といった引き落としの対象となる毎月定額のお金を振り込んでいく。そして、残った金額を生活費用の口座に振り込む。基本的には飲み会の費用や趣味にかかる費用もこの生活費用の口座内でやりくりをしていく。面倒くさいのは間違いないが、ここまで物理的に管理すれば、ほとんどの人が計画的な貯蓄が可能になるだろう。著者（康平）は貧乏性なので、基本的には貯蓄性向が非常に高く、むしろお金の使い方を学んだほうがいいと幼少期から言われ続けているのだが、その逆のタイプの人も世の中には多いので、ぜひ一度この方法を検討していただきたい。

■可愛い孫にどうやってお金を残せばいいのか？

親が子どもをかわいがる以上に、祖父母というものは孫にはとても甘くなる。子どももある程度の年齢になると、その関係性を理解するため、親がどうしても買ってくれないものを実家に帰ったタイミングで祖父母にねだることもある。子どもながら、誰にどのタイミングでおねだりをすればよいか、しっかりと理解しているのは恐ろしいものだ。

さて、ある程度の貯蓄や資産がある祖父母にとっては、相続税対策や孫への金銭的な支援というのは１つの興味対象だろう。そこで活用したい制度として、教育資金の一括贈与時の非課税制度がある。一般的に、年間１１０万円の贈与までは贈与税はかからないが、この基礎控除額を超えた部分については贈与税が課税されてしまう。しかし、30歳未満の子や孫に対して、教育資金を用途として金融機関と契約を結んで一括で贈与した場合、１５００万円までは贈与税がかからないという制度だ。親権者、つまり贈与を受ける子どもの親が代理で口座を開設し、贈与する祖父母と贈与を受ける子どもの血縁関係を証明するために戸籍謄本を準備したり、教育資金非課税申告書を記入のうえ提出したりするなど、手間がかかるが魅力的な制度だ。

第1章で見た通り、いまを生きる親世代、そしてこれから親になる世代は非常に厳しい環境の中で育児をしていかなくてはいけない。なかには金銭的な不安から子どもを作らないという意思決定をする夫婦もいる。

国力の源泉の1つは人口だ。経済大国の米国はもちろんだが、これから経済的に存在感を強めていくであろう中国、インド、インドネシアなどは人口の非常に多い国だ。比較的、資産を持っている世代が節税もできつつ、現役世代を支援し、結果的に安心して子育てができる環境ができあがっていくのであれば、それは1つの家庭が幸せになるだけでなく、国レベルで見ても非常にプラスなことだ。

この制度に限った話ではないが、世の中にはさまざまな制度が存在している。多くの人がこれらの制度を活用しないが、それは意図的に活用していないのではなく、そもそも存在を知らなかったというケースがほとんどだ。実はこのような知識も金融教育には取り入れられるべきだと考えている。第1章にも出てきたが、シングルマザーに関する統計を見ると、母子世帯の福祉関係の公的制度は数多く用意されているのに、ほとんどの制度が利用されていない。それはなぜか？　そもそも制度の存在自体を知らないからだ。奨学金も同じだ。そもそも返さなくてはいけないと知らなかった。返さないとどうなるか知らなかった。自分を守れるのは自分だけであり、その際には知識が防具になるということをしっかりと認識すべきだろう。

■お金を借りるのは悪いこと？

子どもがある程度成長すると、漫画や小説を読んだり、アニメやドラマを見たりするようになるだろう。そうすると、登場人物の中に借金まみれのキャラクターが出てきたり、または闇金の取り立てのシーンが出てきたりすることもある。比較的、借金ということに悪いイメージを持たせるような描写が多いため、自然と借金は悪いことだというような刷り込みをされがちだと思う。

たしかに、それほど推奨すべきことではないかもしれないし、自分の持つ資金の中で計画的にお金をやりくりすることの方が素晴らしいかもしれない。しかし、必ずしもお金を借りることは悪い行為ではないという正しい知識もどこかのタイミングで与えてあげてほしい。

仮に自宅が賃貸ではなく、持ち家の場合、ほとんどの家庭が住宅ローンを組んでいるだろう。なかなか現金で一括払いできる家庭はないと思う。住宅ローンも借金といえば借金なのだが、悪いことをしているのだろうか。もちろん、答えはノーだ。ちゃんと計画されたうえで、しっかりと返すことができるのであれば、ローンを上手《うま》く活用することで、本来は買うことのできなかったものを手に入れることができるのだ。

また、将来、子どもが起業する場合にはぜひ知っておいてもらいたいことなので、我が家では少しずつ感覚を身に付けさせているが、企業はお金を借りることで資金にレバレッジ（投資した資金の数倍から数十倍の金額の取引を可能にする仕組み）をかけて、事業を拡大することができるのだ。

事業を開始する場合、よほどお金がある状態でスタートしないと、自己資金だけで事業を拡大していくのは難しい。お金を借りる、つまり銀行から融資を受けることで、当然、毎月返済をしなくてはいけないという負担は増えるが、その資金で設備投資をしたり、従業員を雇ったり、自社の製品をマーケティングすることで、利益が大きくなるのであれば、その借金は悪いことではなく、むしろいいことだ。

問題なのは返すあてがないのに借金をしてしまい、それを返すためにさらに金利の高いところから借り入れるなどして、借金が雪だるま式に膨れ上がっていくことなのだ。借金もしっかりと計画があったうえでする分には、全く問題がないという感覚を子どもには持たせていきたいと考えている。

日頃の宿題の進め方や、幼稚園や学校に行くときの準備を見ていると、計画性がなく不安になってしまう親も多いかもしれないが、**何事も計画を立てて進めることの重要性を説明し続けよう。**

■金利の決まり方を改めて考えよう

これまで銀行にまつわる話を書いてきたが、何度も出てきたのは「金利」の話だ。少し銀行自体の話とは離れてしまうが、世の中の仕組みを知ったり、ビジネスセンスを身に付けたりする意味でも、子どもには金利の決まり方について説明をしてあげよう。

金利は主に4つの要因で決まっていく。 1つ目は**需要と供給**だ。資金需要があれば、金利は高くても借り手がいるため、貸し手は高い金利を設定するし、その逆も然《しか》りだ。2つ目は**経済情勢**だ。景気が悪くなり、中央銀行（日本の場合は日本銀行）が政策金利を下げれば、それに引きずられる形で金利は下がっていく。3つ目は**お金を貸す期間の長さ**。例外もあるが、一般的には期間が長ければ長いほど、金利も高くなる傾向にある。この理由は簡単で、返済してもらえないリスクは、貸している期間が延びれば延びるほど高くなるからだ。そして、4つ目は**借り手の信用力**だ。過去に借り入れた後に、しっかりと期日通りに返済した履歴があれば、信用できる借り手として、低めに金利を設定して貸し出せるが、返してくれない可能性があれば、高めの金利を設定して貸し出すか、またはそもそも貸さないという判断をする可能性もある。

このように**金利がどのようにして決まるか、その仕組みを知ることは世の中の仕組みを知るうえで非常に有用**だ。1つ目の金利の決定要因として、需要と供給によって金利が決まると書いたが、この考え方は経済学で最初に習うモノの値段の決まり方と同じだし、3つ目に書いた貸す期間が長いと一般的に金利が高くなるというのも、投資の世界でいうリスクとリターンの概念そのものだ。

経済学や投資という言葉を聞くと、それだけで難しく感じてしまったり、食わず嫌いで敬遠してしまったりする方も多いかもしれないが、概念やエッセンスを学ぶだけであれば、それほど難しい話ではない。経済学や投資のことは大人になってから学ぶものだと考えている人も多いようだが、それは誤った考え方だ。

この章では銀行をテーマにいろいろと書いてきたが、実は日常生活の中にはさまざまな教材が転がっている。スーパーやデパートにも教材は大量にあるし、公園や図書館でも学べることはたくさんある。ただ、そこに学ぶポイントがあるのかどうか。発見できるのは親の注意力と発想力に依存してしまう。

親が子どもに金融教育をするためには、まず親がお金について勉強することが必要だ。その内容を噛《か》み砕いて理解することで、はじめて子どもに身近な例を使って分かりやすく説明をすることができる。勉強をする際、その姿を子どもに見せることも重要だろう。**親が勉強している姿を見ることで、子どもも自然と勉強をするようになるものだ。**

第3章　これからはお金に働いてもらう時代

～だけど、博打はNG～

■お金に働いてもらうという考え方

第1章ではデータを基に資産形成の重要性を理解し、第2章では第一歩として貯蓄をはじめとする銀行が提供する商品や、その仕組みについて学んだ。しかし、少し計算をすれば分かることだが、ほとんどの人が普通に働き、節約して貯蓄に励んだところで、それでも将来に向けて不十分なままだろう。よほど収入が高かったり、仕事以外でも収入がある、または、親が資産家だったり、地主だったりしないと厳しいだろう。そうなると、ただお金を貯めるだけではなく、そのお金にも口座の中で眠っているだけでなく、働いてもらわないといけない。

カッコよくいえば、資産運用をしようということなのだが、具体的な話をする前に日本における資産運用への考え方を共有したい。最近でこそ個人型確定拠出年金の『iDeCo』（イデコ）や、少額投資非課税制度の『NISA』（ニーサ）など、個人の資産運用を後押しするような制度が普及したり、証券会社や運用会社の企業努力によって、手数料も以前に比べれば相当低くなってきた。さらに、ここ数年はFinTech企業の誕生により、さらに投資が身近になってきている。

しかし、それでも依然として日本では投資は危ないとか、働かずにお金を稼ぐのはいけないという認識を持つ人が多いのが実情だ。著者（康平）はライフワークの一環として金融教育の授業を講演やセミナーというかたちで行っているが、時折、「子どもに変なことを教えるな」や、「投資は危険だからダメだ」などといったコメントをもらうこともある。もちろん、そのようなコメントをする人は少数ではあるが、皆無ではない。

第2章でも述べた通り、**リスクとリターンという概念は投資にはつきもの**であり、資産運用をした結果、資産が増えることもあれば、減ってしまうこともある。これは紛れもない事実であり、ここは隠すべきではない。しかし、ここでポイントとなるのは、何も知らないまま資産運用の世界に飛び込み、訳の分からないまま過度なリスクをとってしまうのか、悪質な営業員や業者から詐欺まがいの商品を買わされて損をするのか、ある程度の知識を身に付けたものの、相場の変動で損をしてしまうのかという点だ。

著者（康平）は、資産運用は必要だし、便利なソリューションだと考えているので、車のようなものだと思っている。交通ルールを知らないまま街中や高速道路を走ったり、そもそも運転に関する知識もないまま運転をしたりすれば、事故も起こすだろうし、場合によっては命を落とすこともあるだろう。しかし、しっかりと運転技術を身に付けたうえで、交通ルールを守れば、これほど便利な移動手段はないのだ。しかし、ときとして自分は何も悪くなくても、ぶつけられてしまったりすることもあり、そこはもはや運の領域だ。

このように資産運用と車を関連付けて説明すると、専門家の方々にはお叱りを受けてしまうかもしれないが、それほど関係のないたとえとも私は思わない。

■ヤバイ複利の効果

資産運用をするうえで、まず**理解すべき概念は「複利」だろう**。当然、漢字を見れば複利があれば単利という概念もあるのは容易に想像できると思うので、まずは単利の意味を理解しよう。一定期間ごとに利子が元本だけに付くケースを単利という。たとえば、金利が10%付く口座に１００万円を預けると、１年後には10万円の利子が付くので、口座残高は１１０万円になる。単利だと、翌年も元本の１００万円に再び10万円が追加されるので、2年後には口座残高は１２０万円になる。

一方で、元本と利子の合計に次期の利子が付くケースを複利という。こちらも同じく金利が10%付く口座に１００万円を預けた場合を考える。1年後は単利と同じく口座残高は

図表10　複利効果の年利ごとの推移

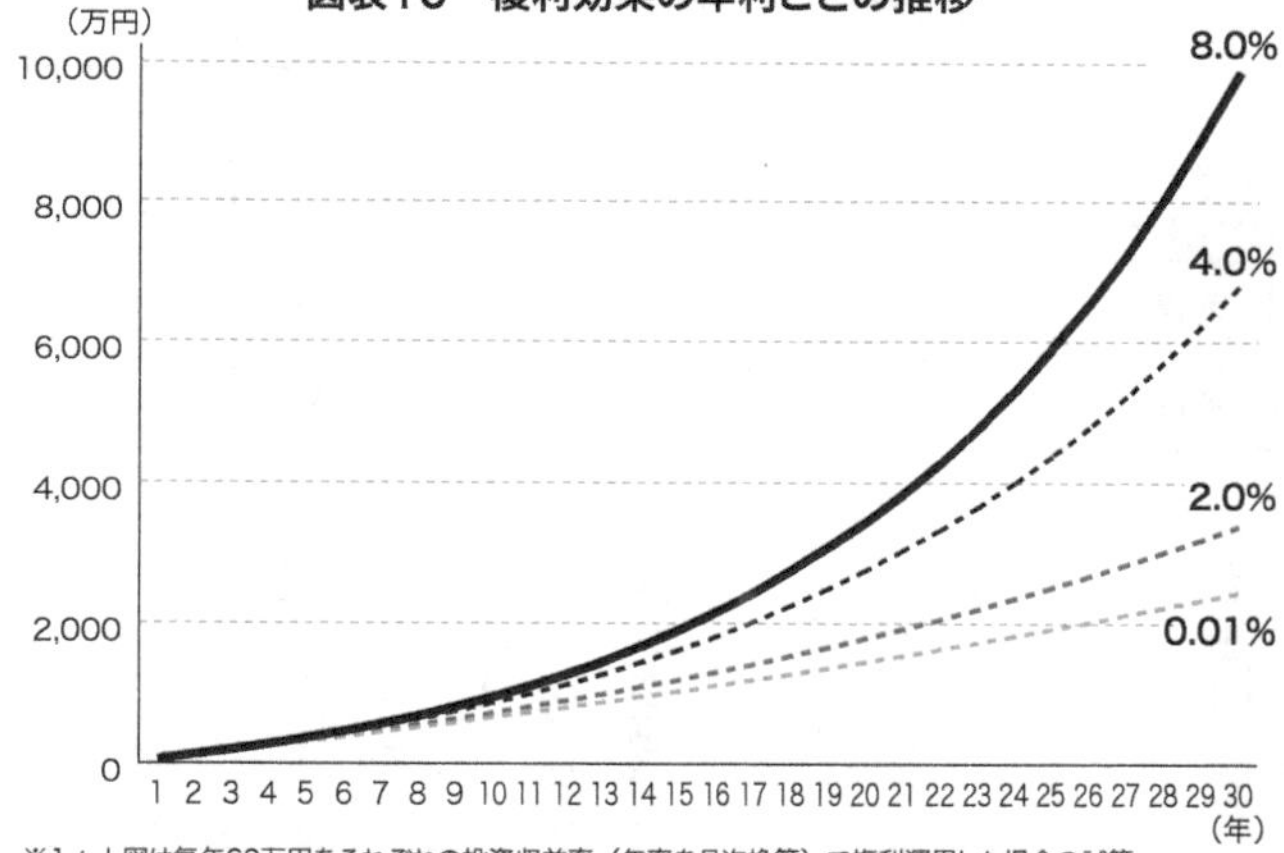

※1：上図は毎年60万円をそれぞれの投資収益率（年率を月次換算）で複利運用した場合の試算。
※2：運用期間中の値動き、税金・手数料等は考慮していない。

１１０万円となる。しかし、翌年は１１０万円に10%の利子が付くので、2年後の口座残高は１２１万円となる。

この例だけを見ると、たいした差がないように思われるかもしれないが、複利で運用し続けると、そのパフォーマンスは指数関数的な伸びになっていく。図表10はさまざまな利回りで資産を長期で運用した場合の結果だ。仮に毎月5万円を積み立てると年間60万円貯蓄できるため、ここでは毎年60万円を運用に回し、それぞれの金利で30年間複利運用した場合をシミュレーションしている。運用開始から8年ぐらいまではそこまでパフォーマンスに差がないようにみえるが、そこからは一気に差が広がっていくのが分かるだろう。複

図表11　単利と複利の比較

	1年目	2年目	3年目	単利	複利
商品A	5%	5%	5%	15.0%	15.8%
商品B	10%	5%	0%	15.0%	15.5%
商品C	20%	10%	▲15%	15.0%	12.2%

利の効果はおそろしく、かの**天才物理学者であるアインシュタインが複利という概念について「人類最大の発明」と言った**という話もある。

しかし、複利を活用して運用する際に1つ注意してほしいことがある。それは、リスクが高い商品は避けたほうがいいということだ。**「リスク」というと日本ではネガティブな意味で捉《とら》えられがちだが、金融の世界では「変動幅が大きい」ことをリスクが高いという。**つまり、リスクが高い商品は必ずしもネガティブなものではなく、大きく儲《もう》かることもあれば、大きく損する可能性もある商品ということだ。

図表11を見てほしい。値動きの違う3つの商品がある。商品Aは毎年同じリターンだが、商品B、商品Cと少しずつ年間リターンの変動幅が大きくなっている。それぞれ単利で運用していると、3年後には同じパフォーマンスを残しているが、複利で運用していると全く違う結果になっていることが分かるだろ

う。

節約して、せっせと貯蓄をしても十分な老後資金を用意できないからこそ、複利をうまく活用して資産運用をすべきなのだが、こちらも車の例と同じく、扱いを誤ると恐ろしい結果をもたらしてしまう。複利という諸刃《もろは》の剣とうまく付き合うために、まずはしっかりとリスクをコントロールするくせを身に付けるべきだ。

■１つのカゴに全ての卵を盛るな

投資には多くの格言がある。先人たちが試行錯誤を繰り返すなかで、これまで語り継がれてきたものだから、とても実践的なものが多い。これから資産運用をする人たちには、ぜひ知っておいてほしいものがいくつもある。そのなかでも、**「１つのカゴに全ての卵を盛るな」**は全員が知っておいて損はない。

たとえば、ある場所からある場所へ卵を５個運ぶ際に、５個の卵を全て１つのカゴに盛って運んだ場合、仮に途中で転んでしまえば、５個全てが割れてしまうが、５つカゴを用意して、１個ずつ卵を載せて運んだ場合、仮に転んで卵を割ってしまったとしても１個が割れるだけで、一気に全ての卵を失わなくて済むという話だ。

これを投資にそのまま当てはめて考えればよい。仮に資産運用に充てる資金が５００万円あるとする。もしこの５００万円をA社の株式に全額投資すると、それはA社に全てを委《ゆだ》ねることになる。A社が倒産すれば、投資したお金はなくなってしまう。東証１部に上場している大企業なら大丈夫という人もいるが、そんなことはない。この10年を振り返ってみても、日本航空、武富士、スカイマーク、タカタなど、東証１部上場企業が会社更生法や民事再生法の手続きで上場廃止になっている。上場廃止にならなかったとしても、経営陣の横領や粉飾決算などで株価を大きく下げるケースもあり、**この企業なら絶対に安心ということは誰にも断言できない**。

そうなると、必然的に**投資対象を分けてリスクを分散させる**必要が出てくる。A社、B社、C社、D社、E社と5つの企業に１００万円ずつ投資すれば、仮にA社が倒産したとしても、全体の資産でみれば20％マイナスになるだけだ。当然、5社が全て倒産してしまえば同じことになるが、1社が倒産する確率と5社が同時に倒産する確率には遥《はる》かに大きな差がある。

このようにして、複数の投資対象を持つことを**「ポートフォリオを組む」**というが、より効果的なポートフォリオの組み方は、各資産に多様性を持たせることだ。たとえば、日本株は国際石油開発帝石（ＩＮＰＥＸ）の株式、外国株としてロシアの株価指数に連動する投資信託、コモディティ（商品）として原油価格に連動するＥＴＦ（上場投資信託）に分散して投資をすると考えよう。投資対象国もアセットクラス（資産の種類）もバラバラで多様性があるため、いいポートフォリオにみえるかもしれないが、これはほとんど意味がない。なぜなら、原油価格と相関関係が強いものばかりに投資をしているからだ。

あえて極端な例を示したが、ただ単にさまざまなものに投資するのではなく、可能であれば相関係数が低いものを組み合わせたほうがポートフォリオ効果は効きやすい。そこまで難しく考える必要はなく、たとえば、日本の株式市場、海外の株式市場、国内債券、海外債券など、俗にいう伝統的な４資産に分散投資するだけでいい。

■何を買えばいいか分からないから、全部買っちゃえ理論

伝統的な４資産に分散投資すればいいと書いたが、日本株１つとっても、３６００社以上が上場しており、どの企業の株を買えばいいか分からないという人がほとんどだろう。

それなら、日本の上場企業の株に投資するのではなく、日本の株式市場自体に投資をしてしまえばいい。たとえば、日経平均株価の動きに連動する投資信託やETFを買えば、事実上、日経平均株価を構成する225社に投資できるし、TOPIX（東証株価指数）に連動する投資信託やETFに投資すれば、2100社超の東証1部に上場している企業に投資ができるのだ。

このような、日経平均株価やTOPIXのことを株価指数と呼ぶ。海外では米国のNYダウやS&P500が有名だろう。これらも同じく米国の上場企業の中から、それぞれ選別された30銘柄、500銘柄で構成されている。だいたい、どの国にも株価指数はある。著者（康平）が過去に住んでいたインドネシアではジャカルタ総合指数、台湾では加権指数が代表的な株価指数として、投資家たちが最初に確認する数字だった。

伝統的な4資産として、日本株と海外の株と書いてあったが、日本株は日経平均やTOPIXでいいとして、NYダウやS&P500だと海外というより米国のみに投資することになるという人もいるだろう。

ごもっともな指摘ではあるが、しっかりと他の指数も存在している。MSCI（モルガン・スタンレー・キャピタル・インターナショナル）社が提供するMSCI-KOKUS

ＡＩインデックス（ＭＳＣＩコクサイ指数）は、日本を除く先進国に投資ができる指数だ。この指数に連動する投資信託やＥＴＦに投資すれば、海外の株に投資は可能になる。もちろん、新興国だけを対象とする指数もあるし、海外の債券に投資できる指数もある。

ちなみに、ＭＳＣＩ‐ＫＯＫＵＳＡＩインデックスの国別構成比率をみると、７割弱は米国株が占めており、そこにイギリス、フランス、カナダ、スイスなどの先進国が続いていく。銘柄別にみると、アップル、マイクロソフト、アマゾン・ドット・コム、フェイスブックと米国株が上位を占めているが、いまや世界中の人がこれらの企業が提供しているサービスや商品を利用していることを考えれば、これらの米国株は事実上世界株と考えてもいいだろう。

このように、**指数に株価連動する投資信託やＥＴＦを活用すれば、少額で世界中の企業に分散投資をすることが可能になる。**そして、どの企業に投資すればいいかなどの分析に時間を使う必要もなくなる。しかも、手軽に世界中に分散できる。このことを**国際分散投資**と呼ぶ。よって、これから資産運用をするという人は、まず投資信託やＥＴＦを活用することを考えるべきだ。

■コツコツやるのがいいんです

投資信託やＥＴＦを活用しての国際分散投資を勧めたが、もう1つ大事な概念がある。これは複利の活用に近い発想だが、とにかく**「長期」**でやること。そして、**「継続」**することだ。

相場というのは常に上下に波を打っている。上がる日もあれば、下がる日もある。そして、そのように常に変化する相場の先行きを正確に予測できる人など1人もいない。時々、「絶対に上がる銘柄を教えます」といった広告をネット上で目にすることもあるが、申し訳ないがそんなものは詐欺以外の何物でもない。そもそも、未来を予測できるなら、そのようなビジネスなどやらずに、投資だけをしていれば億万長者になれるわけだから、そのようなビジネスの存在自体が自己否定に繋《つな》がっているという悲しい話だ。しかし、日本人はその手の話に引っかかりやすいようだ。この詐欺に関する話、詳しくは後の章に譲ろう。

さて、将来は予測できないのに、相場は常に上下に波打っている。それだけを考えると、そこに資産運用をするお金を突っ込むわけだ。とても危険なようにみえるだろう。しかし、個人投資家はプロの投資家と違って時間を味方にして、この波を越えていくことができる。

プロの投資家は他人のお金を預かっているため、ある程度の期間ごとにパフォーマンスを問われてしまう。仮にだらだらと1年間下がり続ける年があったとしよう。プロの投資家に運用を任せたお客さんからすれば、「プロに任せたのになんでパフォーマンスが悪いんだ」ということで、任せていたお金を引き上げられてしまうだろう。そのような事態を避けるために、なんとか良いパフォーマンスを残そうとして、優秀なアナリストやファンドマネージャーを雇って頑張ろうとするが、結局人件費がかかるので、運用コストの高い商品が生まれてしまう。将来はどうなるか分からないが、コストは確実にかかってくるので、結果的にさらにパフォーマンスを下げることになってしまうかもしれない。

一方で**個人投資家はパフォーマンスを定期的に評価されることもない。**ずっと保有し続けることができる。何も知らない個人投資家はプロの投資家がすごいことをしていると思っているかもしれないが、この点では個人投資家のほうが圧倒的に有利なのだ。

日々の値動きに一喜一憂するのではなく、とにかく長期で投資を続けることが資産運用では重要になる。そして、もう1つ重要なのが続けることだ。ずっと投資を続けるとだけ言うと、すごく簡単に思えるかもしれない。しかし、実際にはほとんどの人が途中でやめてしまっている。

この10年ほどを振り返ってみると、リーマン・ショックやチャイナ・ショック、欧州債務危機問題や米中の貿易摩擦など、さまざまなイベントをきっかけとして、大きく相場が下落した。ほとんどの人が、このようなイベントが起きると、これからもずっと下がり続けるのではないかと不安になって、損を確定させてしまう。しかし、ほとんどの場合、その後に相場は回復していっている。一度、そのような相場の大きな振幅を経験すると、次からも冷静にいられるのだが、なかなかそれができないようだ。

まずは無くなってもいいと思える少額で始めてみて、酸いも甘いも知るのがいいだろう。経験に勝るものはない。とにかく一度体験してみて、こういうものなのかということを身をもって理解してから、ガッツリと資産運用の世界に入っていくのがいいと考える。

■私の株式投資との出会い

著者（康平）の株式投資との出会いは大学生になり、20歳を迎えたときだった。これまで偉そうなことを書いてきたが、実態としては、老後資金を資産運用で形成していくといった崇高な目的があった訳ではなく、父親が持ち帰ってきた、いまでいう「億り人」になった個人投資家が書いた本を読んで、ある程度経済の知識はあったし、時間もあるし、テレビゲームも得意だからやってみようかな、といった程度のきっかけであった。

父親に株式投資をやりたいと伝えると、当時一番手数料が安かったオンライン証券会社を教えてくれたので、ウェブサイトの説明を読みながら口座を開設して取引をはじめた。当然、経済学の知識だけあってもどの会社の株を買えばいいのかは分からず、家にあった投資関係の本を自分で読んでみた。

自分にとって良かったことなのか分からないが、なぜかテクニカル分析にハマってしまい、当時はひたすら株価チャートを見ながら取引をしていた。株価の分析には主に２種類あり、１つは**企業の業績などから現在の株価が割安か割高かを判断する「ファンダメンタルズ分析」**、そしてもう１つは**株価チャートを分析する「テクニカル分析」**だ。いま思えば、ろくに財務諸表も読めないので、テクニカル分析に逃げたような気もするが、とにかく最初は株価チャートや各種のテクニカル指標だけが投資の味方だった。いろいろな人のブログや掲示板も見ながら、見よう見まねで少しずつ経験と知識を積んでいった。ある日、個人投資家とは別の機関投資家と呼ばれるプロの存在を知り、プロ側の世界を知ってみたいということで、社会人１年目は運用会社で日本株のアナリストとなった。そこではファンダメンタルズ分析が基本だったため、いちから財務諸表の読み方と分析方法を学んでいった。1年間で相当な数の企業分析をしたことで、それなりに理解できるようになったと思っていた。

ときが経ち、10年後に起業をして、自分の会社の経理を自分でやるようになった。同時に、複数のベンチャー企業でCFO（最高財務責任者）を務める中で、投資家からの資金調達や銀行融資を支援した。今になって思うのは、当時は分かった気になっていた財務諸表だが、全く分かっていなかったな、というのが正直なところだ。

ファンダメンタルズ分析とテクニカル分析、どちらが正しいという二元論は意味がないと思うので、ここでは意見を控えるが、株式投資との出会いから14年経って思うのは、**自分で帳簿をつけることが金融教育にとって非常に重要だ**ということだ。

日本に比べて米国は金融教育が進んでいるという話はよく聞くが、あまりこの表現は正しくない。**自己責任を徹底する米国**と、**会社員が手厚く保護されている日本**との違いに過ぎない。日本だと会社員をやっていると、税金や社会保険料がどれぐらい差し引かれているのか、自分が毎月何にどれぐらい使っているのかなど、お金の動きを意識しづらい環境がある。著者（康平）のように自社の経理を自分でやると分かるのだが、何がどこになんという勘定科目で仕分けられていくのかが分かると、財務諸表の見え方が変わってくる。そして、実際にかかった費用や引かれる税金、社会保険料、売上高がどれくらい入ってくるかを月次で追っていると、さらにお金の感覚が磨かれていく。

ベタかもしれないが、家計簿をつけることが金融教育にも、株式投資を中心とする資産運用にも重要かもしれないと思う昨今だ。

■どの株式がいいのか、私はこうやって探している

既に何度も書いてきたが、**将来のことなんて誰にも正確に予測できない。**投資に限らず、全てのことにおいてこれは本質だ。そうはいっても、どうやって投資対象の株を探せばいいのかという質問はよくもらう。ここでは、あくまで私が監視リストに入れる銘柄をどのように探しているかという手法を書いていくが、これをやったから儲かるとか、絶対に上がる銘柄の探し方ではないということは何度もことわっておく。

相場が常に上下に波を打つように、各銘柄の株価も動き続けている。いまの株価の水準が割安な位置にあるのであれば、買っておいて、適正な水準や、割高と思われる水準まで

値上がったら売ればいいだけだ。こう書くと非常に簡単に思うかもしれないが、これができないので、プロも含めて多くの投資家は日々悩んでいるのだ。

そもそも、適正な水準がどこかという答えがないところに難しさがある。ちなみに、この適正な水準というのをフェアバリューと呼ぶ。基本的にフェアバリューは企業の業績を基に算出していく。著者（康平）はまず証券会社のサイトにあるスクリーニングツールを使って、3600社以上ある上場企業を絞り込んでいく。このツールは口座さえ開設していれば使えるので、事実上無料で使うことができる。

まずはPER（株価収益率）という、現在の株価が1株当たり純利益の何倍の値段が付けられているかをみる指標や、PBR（株価純資産倍率）という、現在の株価が1株当たり純資産の何倍の値段が付けられているかをみる指標で絞り込んでいく。その後もさまざまな指標で割安と思われる銘柄を絞っていく。そして、ある程度絞れたら、各企業のホームページにいく。上場企業であれば、「株主向け情報」や「IR情報」といったページがあるので、そこから有価証券報告書と決算短信をダウンロードして、エクセルに業績を打ち込んで分析していく。情報開示をしっかりとしている企業であれば、「決算説明会資料」という資料も公開してくれているため、その資料をみるとより細かい情報が載っているケースがあるので、さらに緻密《ちみつ》な分析が可能になる。

ひと通り分析した結果、現在の株価に照らし合わせると、明らかに割安な銘柄がいくつかみつかるので、それらは監視リストに入れておく。これらの分析は誰でもできるものなので、この分析で割安だと思われるとした銘柄であっても、必ず上がるわけではない。**「バリュートラップ」**と呼ばれるが、ある側面からの分析では割安であっても、ずっと割安のまま放置される銘柄はいくらでもあるのだ。

そこからさらに、その銘柄が属している業界の分析や、その企業の原価に影響を与える資源価格の動向、為替《かわせ》相場などさまざまな分析も重ねて、自信を深めていく作業をする。あとは気休め程度かもしれないが、テクニカル分析も用いてその銘柄の株価のトレンドやモメンタムも見ていく。

このように書くと、「そんなに面倒くさいことをやっても、株価が上がるかどうかは分からないのか」という感想を持つかもしれない。答えはイエスだ。ここまでやっても、パフォーマンスを上げられるかは不確実だ。なので、**資産運用は基本的には投資信託やETFを活用すべき**と書いてきたのだ。

しかし、慣れてしまえば、この分析も面白くなってくるし、自分の書いたシナリオ通りになったときの快感はとてつもないものだ。私は個人投資家と話をする機会が多いが、資産運用とは別に、このような自分なりの分析結果やシナリオを共有して議論するのが好きという人も多い。個人的にはそれはそれで投資の楽しみだと思っているため、人に強制する気は一切ないが、一度はこの世界にも踏み込んでもいいかもしれない。

■株主優待という楽しみ

著者（卓郎）は、株式を30銘柄ほど保有しているが、**値上がり目的で買った株はまったくない**。ほとんどが株主優待を得るために購入したものだ。現在保有している株は、大まかに3種類に分かれる。まずは、**食べ物系**だ。現物がもらえるのは、日清食品、カゴメだ。どちらも自社製品の詰め合わせが送られてくるだけだが、**食べ物は胃袋を満たすので、利益実感が大きい**。一方、食事券がもらえるのが、吉野家、リンガーハット、日本マクドナルド、テンアライド（居酒屋の天狗）、ミニストップなどだ。ミニストップは、コンビニだが、ソフトクリームの券がもらえる。かつては、京樽やジョナサン（現在はすかいらーくレストランツ）も持っていた。だから、我が家は、家族で外食をするときは、食事券が使えるところばかりになっていた。その結果、外食先の選択肢が狭くなっていたのだが、教育上は、それでよかったのではないかと思っている。**投資をすると、タダでご飯が食べられるという利益を実感させる**ことができるからだ。

二番目の種類は、**乗り物系**だ。全日空、JR東日本、JR東海がこれに当たる。全日空の株主優待券は、運賃が5割引きになる。JR東日本は2割引き、JR東海は1割引きだ。いずれもお盆や年末年始でも使えるので、コスト削減につながる。

三番目の種類は、**買い物系**だ。イオン、いなげや、マミーマート、スギ薬局、オートバックスセブンがこれに当たる。イオンは1000株保有だと、買い物金額の5%がキャッシュバックされる。また、株主に与えられるオーナーズカードを提示すると、大きなイオンには大抵設置されているイオンラウンジに無償で入室できる。

株式投資をする人の大部分は、値上がり益を得ることを目的にしていると思うのだが、著者（卓郎）は、**株式投資は、応援したい企業の株を買うことで事業資金を提供し、事業で利益が出たら、その分け前として、配当や株主優待をもらえるというのが、本来の姿**だと思っている。配当だけだと利回りは1〜2%という場合が多いが、株主優待分を加えると、5%以上になる企業も多いので、投資先としては、とても有利だ。もちろん、株主優待が利用できない企業の株は、買っても意味がない。たとえば、JR西日本の株主優待は、5割引きと非常に有利なのだが、私は、滅多にJR西日本の長距離路線に乗らないので、株を買おうとは思わないのだ。

また、株主優待には注意しておくべきことが2つある。1つは、**株主優待は途中で変更される場合がある**ということだ。たとえば、オートバックスセブンは、株主優待で3割引きの特典が得られていた。我が家はカーナビやタイヤを買うときに、とても重宝していたのだが、いまは100株保有の場合、年に2回、1000円のギフトカードをもらえるだけになったので、メリットが小さくなってしまった。

もう1つの注意すべき点は、**会社がつぶれると、投資金額が全損になる**ことだ。我が家でも、ダイエーや西友、日本航空で痛い目をみている。どんなに好きな会社でも、経営状態がよくない企業の株式に手を出すのは、やめたほうがよいだろう。

■投資が博打になっているときに出る症状

よく「投機」ではなく「投資」をすべしという言葉を聞く。資産運用をするのであれば、間違いなく投資をすべきであろう。しかし、投資と投機の違いはなんだろうか。分かりやすくするために極端な例を出すと、前述したように、割安で優良な企業の株式を長期の視点で買うことは「投資」といえるが、どんな会社かも分からないが、最近やたらと話題になっているし、ガンガン値上がりしているようだということでその株式にお金を注ぎ込むことは「投機」といえるだろう。つまり、投機は博打《ばくち》のようなものだ。

しかし、投資も投機も儲けようという大本のところは同じであり、投資と投機の違いに明確な定義があるわけでもないので、自分が投資を始めてある程度の時間が経ったときに、もしかして投機をしてしまっていないかどうか、自己判断できるいくつかのポイントを紹介していきたい。

まず、**自分が投資している会社が何をしている会社か分かっていない**。これは投機になるだろう。そんなことがあるのか、と思うかもしれないが、他の人に薦められたからとりあえず買ってみたというような人は意外と多い。

次に、**常に何かを買っている状態でないと嫌だという精神状態になる**人は、完全に投機にハマってしまっていると考えてよい。たとえば、割安になったら投資をしたいと思っている2社（A社とB社）があったとしよう。ある時、A社の株価が割安と思える水準まで下落したので購入し、その後、自分の描いたシナリオ通りに値上がりしていき、かなり割高と思われる株価まで値上がった。そこで、A社の株式を売却して利益を得たとする。その時点で、B社の株価はまだ割安と思える水準にはない。

この場合、本来であれば、A社もB社も買わず、自分が割安と思える水準まで株価が下がるのを待つはずなのだが、完全に投機にハマってしまっている人は、常に何かを買っていたいため、特に買う理由もないにもかかわらず、とりあえず買ってしまう。

2つの症状を紹介したが、一時期流行《はや》った仮想通貨（暗号資産）への投資も、投機ということができるだろう。なぜなら、仮想通貨は「通貨」という言葉がついているものの、日本円や米国ドルのように、**中央銀行による裏付けがあるわけではない**。また、株式や債券などの有価証券のように、配当があるわけでもなく、償還があるわけでもない。そうなると、キャッシュフローの裏付けもないことになる。つまり、何に投資をしているのかも分からないまま、実際には需要と供給のバランスだけで値段が動いているものに投資をしていることになるため、やはり投機と言わざるを得ないだろう。

仮想通貨を買って「億り人」になった人が続出したり、過去にはFX（外国為替証拠金取引）で億万長者になった主婦が出たりしたように、投機は大きく損することもあれば、大きく儲かることもある。なので、投機は絶対にダメという話ではなく、うまくいけば短期間で資産を増やせる可能性があるのは間違いない。しかし、老後の資産を長期でじっくり運用していくという考えに基づけば、決して適切な投資行動ではないということは言うまでもないだろう。

■投資のリターンはお金だけじゃないと言ったら炎上した

投資は当然、お金を増やすことが目的だ。しかし、将来は誰にも分からないため、絶対にお金が増えるかどうかは誰にも分からない。そのような**不確実性、リスクを少しでも低減させるため、長期で分散し、コツコツと続けることを勧めてきた。**

しかし、投資のリターンはお金だけではないと著者（康平）は考えている。少しでも不確実性やリスクを低減させるために、自身で知識を身に付け、相場や経済環境、各国の政治や中央銀行の政策など、さまざまな情報を多面的に分析していく必要がある。そのような作業を通して、多くの幅広い知識や、世の中のあらゆる事象を自分の頭で考える能力が付いていく。仮に投資をして資産が減ったとしても、このようにして身に付けた知識や能力は失われない。これもまた投資のリターンと考えられるだろう。

この文章を読んで違和感はあるだろうか。実は「長期・分散・コツコツ・継続」を既に実践している人の中には、２つ目の意見である「投資のリターンはお金だけじゃない」という意見に強い違和感を覚える人がいるようだ。

現在はオンライン証券会社を中心として、さまざまなサービスが提供されているため、最初に投資する投資信託を決め、毎月いくらを積み立てて投資するかを入力してしまえば、あとは自動的に口座から指定した金額が引き落とされ、その投資信託を買い付けてくれる。この機能は素晴らしくて、「長期・分散・コツコツ・継続」を実践するためにはもってこいだ。ただ、この運用スタイルを取ると、相場を見たり、ニュースを見て分析したりする機会がなくなってしまう。実際に、最初の手続きをしてからは、一切相場もニュースも見ないという人もいる。

投資のスタイルは人それぞれであり、各人が自身のお金を自己責任のもとで運用しているので、他人の投資スタイルに何かを言う気もないし、そもそも口を出すべきではない。著者（康平）も大人なので、それぐらいは分かっている。ただ、特に深く考えず、書籍やブログでやり方を読んだから、と真似をしてそのようなスタイルを取っている人がいるのも事実だ。

資産運用のスタイルとしては全く間違っていないので、現在投じている資産の８～９割はいまのままでいいが、残りの１～２割といった一部を個別株の運用に回すことで、私の考えるお金以外の投資のリターンも得られるようにしてみたらどうか、という記事を書いたところ、大炎上した。後にも先にもＴｗｉｔｔｅｒの通知が休む間もなく鳴り続けたのはその日だけだ。

正直なところ、どれだけ炎上しても、未《いま》だにそこまでおかしいことを書いたとは思えないのだが、どうやら原理主義的な人が多いようで、自分の考えと同じ人以外は全部敵に見えてしまうようだ。

著者（康平）自身は投資を通じてさまざまな書籍やレポートを読み、個人投資家や機関投資家の話も聞き続け、自身でも分析手法やそれによって投資のパフォーマンスがどれだけ改善するのかなど研究をし続けた。その過程で得た知識や友人たちは金額には換算できないほどの価値があるものだと思っているので、投資を通じてお金以外のリターンもあるよね、という問いかけに共感してもらえる仲間をぜひ増やしていきたい。

第4章　この世にうまい話はないぞ

～日本人は臆病なくせして、欲深い～

■特殊詐欺の実情

これまではお金の重要性、そして貯蓄や運用方法などを紹介してきた。貯める・増やすはとても重要なことだ。ただし、もう1つ重要なことがある。それは**「減らさない」**ということだ。減らさないといっても、投資をした結果減ってしまうのは防ぎようがない。ここでいう減らさないとは詐欺には引っかかるな、ということだ。

先日、出張先のホテルでふとテレビをつけたところ、ギラギラした感じの男性が歌を歌っている映像が流れた。「プロっぽくもないけど、誰なんだろう」と思っていたら、詐欺事件のニュースだった。愛知、岡山両県警によると、その男性が会長を務めている会社が、2013年7月から2017年9月の間に、全国の会員約1万3000人から約460億円を違法に集めたということで、同社の幹部や関係者が詐欺と出資法違反の疑いで逮捕されているという。

なぜか興味を持ち、そのままニュースを見ていたところ、月利3%の配当（なぜか元気玉という名称）を約束し、会長を「キング」と呼ばせ、幹部を「ゴレンジャー」と呼ばせていたという。日本を元気にするという名目で出資を募っていたそうだが、少しでも金融

図表12　特殊詐欺の実情

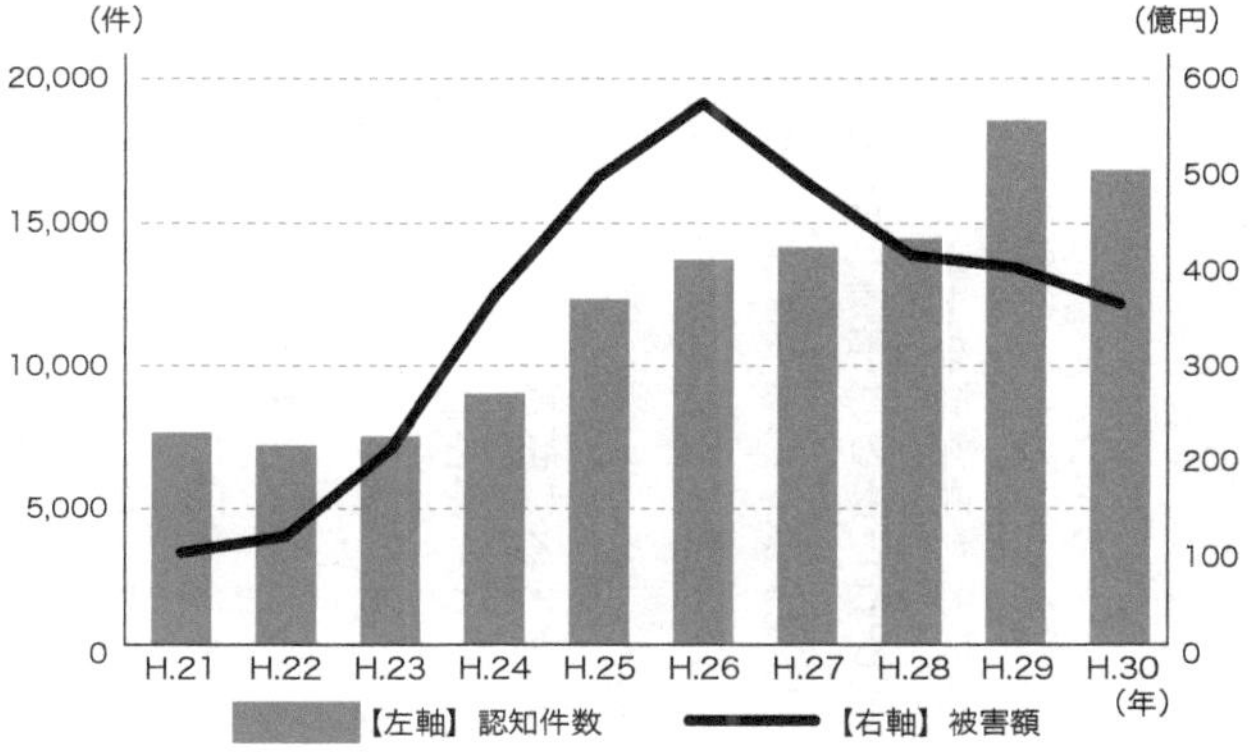

（出所）：警察庁『平成30年における特殊詐欺認知・検挙状況等について（確定値版）』を基に株式会社マネネ作成。

の世界にいたことがあれば、**月利3%を保証することの異常さ**に気付くだろう。さらに、その他の設定が何から何まで怪しさ満載だが、相当な額が集まっていたことを考えると、報道されていない仕掛けがあったのかもしれないし、ただ単に日本人が騙《だま》されやすいだけなのかもしれない。

面識のない不特定の者に対し、電話などを用いて、預貯金口座への振り込みその他の方法により、現金などを騙し取る詐欺を「特殊詐欺」というが、警察庁が発表した『平成30年における特殊詐欺認知・検挙状況等について』によれば、認知件数は平成22（2010）年以降、平成29（2017）年まで7年連続で増加していたが、平成30（2018）年は前年から9・4%減少し、1万6496件となった。被害額は前年比7・8%減少し、363・9億円となった。こちらは4年連続で減少となっている。認知件数・被害額、ともに前年から減少しているとはいえ、依然として恐ろしいほど詐欺の被害が大きいことが分かる。

その他の詐欺の事例をみても、「スマホの画面に出てきたバナーをタップするだけで200万円もらえる」などといった、明らかにあり得ない内容の詐欺がほとんどだ。そうなると、実際には警察に届けるのが恥ずかしいとか、そこまでの大金は取られていないからなどの理由で、泣き寝入りしてしまっている事案も相当あるだろう。そう考えると、実際の被害総額は400億円を超えているのかもしれない。

インターネットサービスの発達やスマートフォンの普及もあり、巧妙な詐欺も増えてきている。著者（康平）のもとにも宅配業者を装った偽のメッセージが送られてきたり、SNS上にさまざまな情報商材の広告が配信されたりしている。増やす、貯める以外にも、減らさないために、このような特殊詐欺から自衛する術《すべ》を覚えるべきだろう。

■なぜ人は詐欺に引っかかるのか

それでは、詐欺に引っかからないようにするにはどうすればいいのか。それは、逆説的に考えると、どうして詐欺に引っかかるかを知ったほうが早いかもしれない。いくつか理由はあると思うが、1つは**「正常性バイアス」**や**「楽観バイアス」**が働くからだろう。正常性バイアスというのは、予期していなかった事態が起きたときに、「そんなことはあり得ない」という先入観が作用し、それは正常の範囲内だと判断してしまう心理現象だ。東日本大震災の津波被害を解説する際にこの言葉がよく使われていた。当初は想像もしていなかった規模の津波が来て逃げ遅れたという報道がなされていたが、後の報道によれば、過去にもその地域では大津波の被害があったり、津波に備えた高い防潮堤などが建てられたりしており、実際には想定されていたが、予期していないレベルの地震が起きたことに対して、それでもそこまで大きな津波は起きないと判断してしまった結果、逃げ遅れた人がいたということだ。

楽観バイアスは1980年にヴァインシュタインが行った研究によって証明されたものだ。この研究では、自分の将来に対して、長生きするといった良い出来事と、重病になるといった悪い出来事が、他人に比べてどれぐらい起きそうかという予想をしてもらった。その結果、良い出来事は起きそうだと考える人が多かったのに対して、悪い出来事は自分の将来には起きないと考える人が多かったというものだ。

次に、**詐欺を仕掛けてくる人たちの能力を低く見積もりすぎている**ということだ。詐欺をするような人たちは自分よりも能力が低いと思っている人たちは被害者になりやすい。たしかに、先程紹介したいくつかの例は明らかに嘘くさい話ばかりであった。しかし、昨今は詐欺も単独では行わず、組織として動いている。そして、そこでは作りこまれたマニュアルに沿ってオペレーションが走っている。相手は相当頭の切れる集団だと思っておかないと、足元をすくわれる可能性は十分ある。

最後に、**経済学でいうところの「ノーフリーランチ」の考え方が欠如している**ということだろう。「絶対に儲《もう》かる」という話は詐欺であることがほとんどだが、実は絶対に儲かる瞬間というのは存在する。分かりやすくするために、少し変な例を出すが、埼玉で1尾1000円で売っている魚が東京では5000円で売れるとしよう。このとき、埼玉で仕入れて東京で売れば、4000円は確実に儲かる。移動費を差し引いても利益は出るだろう。世の中にはこのような事象が時折生じる。この状態は「絶対に儲かる」と言えるだろう。

しかし、このようなおいしい話があれば、全員が同じことをやり始める。そうすると何が起きるか。埼玉ではその魚がどんどん売れてしまい、販売数量が減っていく。しかし需要は増えていく一方なので、結果的に値段が上がっていく。一方で東京ではその魚が店頭にたくさん並ぶようになり、供給が需要を上回ることで値段が下がっていく。その結果、どこかのタイミングで埼玉と東京との値段差はなくなっていく。

つまり、**この世においしい話なんてない**のだ。あったとしても、すぐにそれは人々に気付かれ、おいしい話から、普通の話になってしまう。この考えや人間の心理現象を知っておけば、少しは詐欺案件に対して冷静に向き合えるだろう。

■詐欺に引っかからない方法

さて、詐欺の実情と引っかかる人の特徴や心情についてみてきた。これらを活用すれば詐欺に引っかからない方法も分かってくるだろう。まず、何かを保証していたり、「絶対」や「必ず」という言葉を使っていたりしたら、怪しいと思ったほうがよい。矛盾した

図表13　月利3%での複利運用の結果

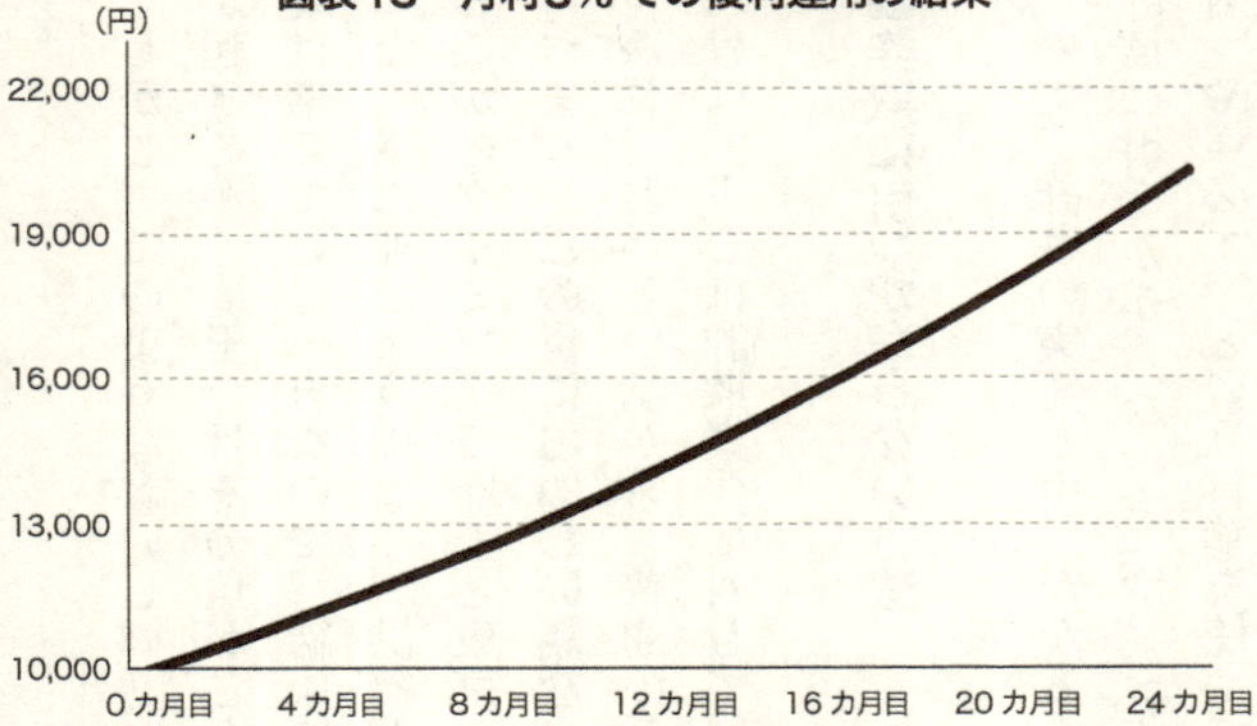

発言をしてしまうが、絶対なんてことは絶対にないのだ。

また、**数字を出している場合は、その数字が一般的なものと比較してどれほど乖離《かいり》しているかを見たほうがいい。**たとえば、前述の毎月3%という利回りだが、これがいかに非現実的かをみてみよう。仮に**毎月3%で複利運用すると、2年後には倍になる。**配当を受け取らずに、複利で運用し続けてもらえば2年で倍増。もし、このような運用が絶対にできるのであれば、ちまちまと個人を騙さなくても、おそらく世界中の大富豪からお金が集まるだろう。それどころか、国から年金などの運用を任されたっておかしくない。それぐらいあり得ない数字なのだ。それを保証するというのは非現実的な話であり、ちょっと計算すればいいかにおかしい話かはすぐに分かるはずだ。

「スマホの画面に出てきたバナーをタップするだけで200万円もらえる」というのも、明らかにおかしい。総務省統計局が発表した『2018年家計調査（家計収支編）』によれば、勤労者世帯の実収入（2人以上の世帯）は、1世帯当たり55万8718円だ。なぜ、スマホを1回タップしただけで、約4カ月分の世帯収入が手に入るのだろうか。さまざまな数字が頭に入っていれば、冷静におかしいと思えるはずだ。

著者（康平）が比較的、金融や数字に強いということから、このような対応方法を共有しているが、おそらく自分が知識のない分野で詐欺案件に出遭ってしまった場合、このように冷静に対応ができるかは不安だ。たとえば、病気やIT系の話といった畑違いの内容だと正確な判断ができないかもしれない。しかし、その場合は焦らず、ネットで類似事例を調査しつつ、最終的には警察に相談すればいい。一番いけないのは、焦ってしまい何も分からないまま契約してしまったり、とにかく自分だけで解決しようとしたりすることだ。いまの時代、ネットで検索すれば詐欺案件かどうかはすぐに判明するし、Twitterなどで問いかけてみてもいい。

くれぐれもやってはいけないのは、中途半端につきあうことだ。自分で詐欺かどうかを見抜こうとして、面白半分で質問したり、議論しようとする人もいるが、前述の通り、最近はマニュアルが整備されていたり、組織的に運営されていたりする。中途半端に質問などをすると、むしろそれっぽい話をされて納得してしまうかもしれない。ノーフリーランチ。そもそもおいしい話なんて存在しない、ということを常に頭に入れておくべきだろう。

■合法的な詐欺にも注意せよ

タイトルを見て、どういうことかと不思議に思う人もいるだろう。本来、詐欺とは犯罪なのではないか、と。しかし、合法的な詐欺としか言いようのない事案も多い。

今でこそ下火になったものの、数年前までは毎月分配型と呼ばれる投資信託が異常に売れていた。投資信託については既に簡単に説明はしているが、投資信託にもいくつか種類があり、定期的に分配金というかたちで配当を出すタイプのものがある。**投資信託の分配金には運用益を原資とする「普通分配金」と、元本を取り崩して分配する「特別分配金」がある。**たとえば、ある投資信託が1万円を運用して、毎月100円ずつ運用で増えるので、毎月100円を分配金として出す場合、これは普通分配金だ。そうすると、この投資信託を1万円で買って、1年後に合計で１２００円の分配金を受け取ることになるので、この投資信託の利回りは年間で12％といっても間違っていないだろう。

しかし、もしこの投資信託の運用があまりうまくいかず、毎月10円しか増えていかないが、それでも同様に毎月１００円の分配金を元本を取り崩して配当した場合、１００円のうち10円は普通分配金だが、残りの90円は特別分配金となる。この場合も、投資信託を１万円で買って、1年後に合計で１２００円の分配金を受け取ることになるので、この投資信託の利回りは年間で12％といえる。しかし、実際には１２００円のうち１０８０円は元本を取り崩しているわけだから、実態は違うというのが分かるだろう。それでも、後者を前者のように薦めることはできるのだ。なぜなら、分配金の合計額と元本だけで語れば、実際に年間で12％の利回りになるからだ。

このような悪質な営業が頻発したことに対して、さすがに金融庁も問題があると感じて、『平成27事務年度 金融レポート』の中で、「顧客の運用方針にかかわらず、販売会社は、主として収益分配頻度の高い商品を提案している」と指摘し、翌年には『平成28事務年度金融レポート』において、**毎月分配型の投資信託が我が国の投資信託の残高の過半を占める**中、顧客ニーズを十分に確認しない販売が行われている可能性について指摘した。

著者（康平）も金融機関に長く勤めていたため、金融機関が嘘をついて顧客に商品を薦めることは皆無に等しいと思っている。嘘をついて多少のお金を稼いだとしても、バレてしまえばその何百倍、何万倍の損失を生じさせる可能性があるからだ。しかし、**嘘ではなくても、意図的に勘違いするような表現をすることは可能だ。**

実際に著者（康平）の祖母のもとにも非常に高い利回りを提示した外貨建ての金融商品を金融機関の営業員が提案しに来たことがある。そのとき祖母は著者（康平）に相談してから考えるということで、資料だけをもらって帰ってきたが、実際に資料をみると同じような手法が使われていた。**決して嘘は書かれていないが、限りなく黒に近いグレーな書き方であった。**

■平日の昼間にカフェに行くことをオススメする理由

これまで、詐欺についてさまざまな話を書いてきたが、もしかすると、ちょっと大袈裟《おおげさ》に書いていると感じている人もいるかもしれない。意外と詐欺にあう人は決まっていて、そういう話を持ち掛けられない人は一切経験をしないままというケースも多い。それ故に、ある日急にそのような話を持ち掛けられると、ガードが甘くなっていて、一発でやられてしまう可能性も高い。

そこで著者（康平）がお勧めするのは、平日の昼間にカフェに行くことだ。著者（康平）は仕事柄、原稿を書いたり、資料を作成したりするなど、ネット環境とパソコンさえあればどこでも仕事ができるため、ミーティングの合間などの時間を利用して、平日の昼間にカフェに行くことが多い。無音よりも適度にざわついているほうが集中できるタイプなので、非常に仕事が捗《はかど》るのだが、どうしても集中力が途切れるときがある。そのようなときは一旦《いったん》作業をやめてボーッとしてみるのだが、かなりの頻度で怪しい会話が聞こえてくる。

カフェの種類にもより、学生が多くいるようなカフェではあまり見かけないが、比較的価格帯が高く、会社員や高齢者が利用するようなカフェだと非常に確率が高いという印象だ。ほとんどのケースが、やはり**「絶対に」**とか、**「必ず」**といった言葉を使って勧誘している。必ずしも金融商品を薦めるわけではなく、俗にいうマルチ商法や、情報商材の勧誘も多い。

この1年で相当なケースを見てきた経験からいうと、やはり**大人しく話を聞くタイプの**

人が対象となっている印象を受ける。相手を選んでいるのだろう。そして、基本的には物腰柔らかなのだが、**都合が悪い展開になると急に高圧的になるケースが多い**印象だ。あまり正確には聞き取れなかったが、このシステムを利用すれば、放置していても毎月何％は確実に儲けられると言ったあとに、何やらスマホで写真などを見せながら、この人は何カ月前から始めて、資産がいくらになったなどの話をしている人がいた。そこで、大人しく聞いていた人が、「なぜ、そんなに儲かるのに自分たちで運用して大金持ちにならず、自分のような他人にも教えてくれるのか」といった、至極真っ当な質問をしたところ、急に態度を変えて怒り出した。こういうチャンスをつかめない人はどうのこうの、といった内容だったが、大人しい人というのは急な態度の変化に怯《おび》えてしまい、**怒らせてしまったという申し訳なさから断りづらくなってしまう**のだろう。

前述の通り、とても組織的な運営をされていて、明らかに最初からスタンバイしていたであろう仲間が途中から入ってきて、クロージングに向けてさらに追い込みをかけていくなど、鮮やかな連係プレイも散見される。実際にサインをしている場面をみたこともあるので、もし私が大袈裟なことを言って不安を煽《あお》っているだけだと思う人は、ぜひ平日の昼間にカフェに行って確かめてみてほしい。

■両極端な日本人の特性

日本で詐欺被害件数と被害額がともに大きいことを外国人の知人に話すと「意外」という顔をされる。日本人は慎重だし、あまりそういうおいしい（怪しい）話には乗らない印象だという。たしかに、各国の家計が保有している資産を種類別に分類すると、**日本は欧米に比べて現金や預金の保有比率が高く、株などの有価証券の保有比率は低い。**データだけをみれば、日本人はあまりリスクを取らずに、極力現金や預金で資産を確保しているといえる。データに基づけば、外国人の知人の認識は間違っていないといえるだろう。

また、日本人が慎重なのも間違いないと思うが、それは一面に過ぎないことは日本人であればだれもが分かっているだろう。たとえば、比較的大きな駅の周辺を歩いてみると、パチスロは必ずある。週末の朝早く出かけると、駅前のパチスロには開店前にもかかわらず、長蛇の列ができている。スポーツ新聞を開けば、競馬や競艇、競輪の情報が並び、スマホゲームをやっていれば射幸性を煽る演出や仕掛けによって、子どもが過度な課金をしたりもする。間違いなくギャンブル好きという国民性を表しているだろう。アジア各国を回ったが、これほどギャンブル施設やイベントに囲まれている国はなかった。

証券会社に勤務をしていたので分かるが、FXや先物取引、オプション取引なども好きな人は多い。過去にはミセスワタナベという言葉が流行《はや》ったのを覚えている方もいるかもしれない。金融の世界では昔から使われていた言葉ではあるが、ミセスワタナベという言葉について少し説明しよう。もともとは20年以上前にイギリスの経済専門誌で使われ始めた言葉といわれており、当時のイギリスでは日本人の名字としてはワタナベが一般的だったことに起因している。ヤマダやスズキ、タナカではないということが不思議だが。2000年代後半から日本でFXが流行り、日本の個人投資家の動向が為替《かわせ》相場にそれなりの影響を与え始めているという話から、日本の個人投資家を指して再びミセスワタナベという言葉が使われ始めた。

特に印象深い事件としては、FXで2002年から2005年までの3年間で約4億円の所得を申告せずに、約1億3000万円を脱税した50代の主婦が、2007年に起訴されて有罪判決が言い渡された際に、ミセスワタナベという言葉に再びスポットライトが当たった。

そんなにFXは儲かるのか、ということで投資未経験者が大勢口座を開設し、高いレバレッジ（投資した資金の数倍から数十倍の金額の取引を可能にする仕組み）をかけてFX

を始めた。当時は現在よりも高いレバレッジがかけられたこともあり、ほとんど博打《ばくち》のような取引をしていた人が多かった。その後リーマン・ショックが起こったこともあると思うが、多くの人が損失を被って退場していった。それがきっかけでレバレッジ規制がかかったという背景がある。

先物取引やオプション取引というのは、もともとはリスクを抑えるために開発されたリスクヘッジのための金融商品だが、多くの人が投機的に活用している。最近、カフェで聞く話の1つとしてバイナリーオプションの必勝法という話が多い。誤解を恐れずにシンプルに言えば、バイナリーオプションは丁半博打のようなもので、知識や経験がなくても投資判断は下せるため、こんなに成功している人がいるんですよ、とさまざまな写真を見せて口説いているのをよく見かける。

自分はギャンブルには興味ないと思っている方も、国民性としてギャンブルが好きな傾向にあるという事実は覚えておいたほうがいいだろう。何度も書いてきたが、**自分は大丈夫と思っている人ほど危ない**のだから。

第5章　算数すら使わず理解できる経済学

■そもそも経済学って何？

親子ともに「経済アナリスト」という肩書で記事を書いたり、メディアに出たりしている。お互いに大学の専攻も「経済学」だ。プロローグにも書いたが、著者（康平）が子どもの頃に父親から与えられて読んでいた書籍も「経済学」に関するものだった。

さて、経済学とはなんなのだろうか。「経済」の語源は「経世済民」といわれており、文字のまま意味を表現すれば、「世を經（おさ）め民を濟（すく）う」となり、世の中を治めて人々を救うこと、それを学問にしたものが経済学といえばいいのかもしれない。

しかし、こういわれても意味が分からないと思うので、もう少し簡単に、どうするとどうなるか、というケーススタディをさまざまなテーマで行い、最適な解を見つけだす学問といったほうが分かりやすいかもしれない。

それでは、そのような学問は何に役に立つのだろうか。経済学部を卒業した人は金融機関に就職して活躍するというイメージがあるかもしれないが、私は経済学で学んだ内容は、全ての業種において活用できると考えている。実際、どの業種においても経済学部を卒業している人はいるだろう。

なぜ、一見すると専門的な知識を学ぶ印象がある経済学の内容が、金融以外の業種でも活用できると考えるのか。それは、私たちが生きている世界が資本主義社会であることと、経済学自体が人間を対象に分析する学問であるからだ。どの業種であっても資本主義のもとで活動する以上、経済や金融と無縁でいるのは不可能だ。事実、著者（康平）が参画している複数のスタートアップ企業の業種は全て非金融業だが、必ずお金の話は出てくる。また、人間が経済活動をする以上、人間そのものを理解していることが重要だ。

そこで、著者（康平）は主に子ども向けの金融教育の普及をライフワークとしているが、そのカリキュラムやプログラムの中心は、会計とあわせて、経済学もベースとするべきだと考えている。子どもには経済学なんて難しすぎると思われるかもしれないが、それは明らかに誤った先入観だ。

日本でも金融教育を普及させたいと思い起業するにあたって、日本より金融教育が進んでいるといわれる米国から、実際に学校で使われている「パーソナル・ファイナンス」のテキストを取り寄せた。小学校低学年向けのテキストを読んでみたところ、４ページに１ページはコミックのような絵だけのページがあったり、文字も大きかったりと、いかにも子ども向けという印象であったが、中身を読んでみると、使っている言葉こそ簡単ではあるが、内容自体は経済学部の学生が1年生のときに習う内容とそれほど大きな差がなくて驚いた記憶がある。そのときに確信した。「子どもには難しい」というのは、大人が勝手に思い込んでいる話であり、伝え方、教え方次第では子どもでも理解できるということを。本章では経済学のエッセンスを少しでも学んでいただければいいと思う。

■合理的経済人という意味を知る

経済学を学び始めると、最初の頃に出会う言葉の1つに**「合理的経済人」**というものがある。このように、いまいち意味の分からない言葉が出てくると、「これだから学問は難しいからいやなんだ」と思われるかもしれないが、たいして難しい言葉ではないので、簡単に説明していきたい。

近代経済学はいまから約250年前、経済学の父と呼ばれるアダム・スミスの『国富論（諸国民の富）』をもって幕を開けた。スミスは「人は利己心を持ち、自分の利益を最大化するように行動する」と指摘したが、まさにこの内容こそが、経済学における人間を表す「合理的経済人」を指している。

もう少し簡単にいえば、経済学の世界においては、人間とは利用可能な情報は最大限利用して、与えられた環境の中で自己の効用（満足度）を最大化するように動き、実際に行動をする際は、自己の利益だけを考えて意思決定すると仮定されているのだ。

随分と自分勝手な存在として扱われていると思う方もいるかもしれないが、まずはこの前提条件から理解しておかないと、経済学を学ぶ上では内容がすんなりと入ってこない可能性があるため、しっかりと理解しておいていただきたい。また、自分自身を振り返って、そもそも自分はそんなに合理的に判断をしているのか、と思った方。それは非常に重要な感覚だ。この点については後半部分で解説をしたい。

■欲しいものはいっぱいあるけど、全部は買えない

さて、米国の小学校低学年向けの「パーソナル・ファイナンス」の教科書には経済学のエッセンスが大量に含まれていたと前述したが、その一部を紹介してみたい。著者（康平）自身も幼い頃から経済学にふれたことによって、日常の何気ない意思決定にも多少は影響が出ていたのではないかと今は思うため、ぜひ家庭での金融教育にも役立てていただ

きたい。

経済学の世界において、**資源は希少性があり有限である一方、欲望は無限である**という仮定がある。この仮定については、先程の合理的経済人よりは腹に落ちる感じがあるのではないだろうか。自分のことに置き換えてみればすぐに理解できるはずだ。もし、「欲しいものはなんでも買ってあげる」と言われれば、いくらでも欲しいものを言えるだろう。車や家などの高額なものから、本やデザートなど少額で買えるものまで無限に出てきそうだ。

一方で、「やっぱり、いま挙げてもらったものは全部自分で買ってください」と言われたらどうだろうか。ほとんどを諦《あきら》めざるを得ないだろう。

お金という資源は有限である一方で、人間の欲望は無限であるというのが、まさにこの例からも理解していただけたかと思う。

合理的経済人は利用可能な情報は最大限利用して、与えられた環境の中で自己の効用（満足度）を最大化するように動くと前述したが、つまり、このケースで言えば、自分の持っているお金という予算（与えられた環境）の下で、自分が一番満足できる買い物をする（効用を最大化する）ように動くのだ。このような例を交えて考えてみれば、出てくる言葉は難しいかもしれないが、たいして難しいことは言っていなかったということに気付くだろう。

実際に我が家でもおこづかいを渡しているため、子どもたちは貯まったおこづかいの中でやりくりをしているし、著者（康平）自身もおこづかい制が導入されて以降は、たくさんある欲しいもののなかから、予算の範囲内で一番満足できる買い物を心がけていた記憶がある。現代の子どもたちは入手できる情報量が昔とは段違いに多いため、この取捨選択はとてもシビアで正確に行っているだろう。アマゾンで買えばいくら。でも、あの店で買うと少し高くなるけど、店舗限定の特典がもらえるなどだ。

少し話が膨らんでしまったが、このような話が米国の「パーソナル・ファイナンス」の教科書には物語調になって、挿絵とともに書かれているのだ。決して難しい内容ではないし、実際に既に自分たちが体感していることが文字化されているため、特に経済学を学んでいるとも思わずに、「こういうこと、あるよね」という共感を覚えながら、肌感覚として学んでいっているのであろう。

■何かを決めるとき、それは同時に何かを諦めるとき

欲望が無限である一方で、予算には限りがあるため、その制約のもとで自分の満足度が最大になるように買い物をするのが合理的経済人なのは既に述べてきた。限られた貯蓄の中から、うまくやりくりをして、なんとか自分の満足度を最大化していくわけだが、たとえば、いま子どもがこれまで貯めてきた貯蓄を使って、ゲーム機と自転車のどちらかを買おうとしているとする。親や友人に相談したうえで、最終的にはゲーム機を買ったとする。本人がこの判断にはとても満足しているのであれば、この選択は非常に合理的なものであったといえるのだが、実はここでもう1つの視点を持たないといけない。

限られた予算の下で、ゲーム機と自転車という選択を迫られ、ゲーム機を選んだわけだが、これは言い方を変えれば、自転車を諦めたというようにも言えるのだ。私たちは日々選択を繰り返しながら生きているわけだが、このように**何かを選択したときは、実は同時に何かを諦めている**のだ。もし仮に自転車を選んだ場合に得られていたであろう満足度を捨てたわけだが、この諦めたほうの満足度を経済学では**「機会費用」**という。英語ではそのまま**「Opportunity Cost（オポチュニティー・コスト）」**というのだが、驚くこと

に例の教科書にはこの言葉がやさしい内容の文章と挿絵の中に出てくるのだ。つまり、子どもであっても、シチュエーションさえ理解させれば、そこに充てる言葉が多少難しかったとしても、十分に使いこなせるのであろう。

本書は大人が読むことのほうが多いと思うので、ゲーム機と自転車というたとえだと、むしろ分かりにくいかもしれない。そこで、著者（康平）が大学時代に友人と話をしていた内容でも説明してみよう。

居酒屋でアルバイトをしていた著者（康平）の友人が、ある日アルバイトを休んでデートをすることになったのだが、待ち合わせ場所でいくら待っていても相手が来ない。最終的には1時間待っても来ないので、その日は仕方なく家に帰ったという。その友人はとても怒っていて、「アルバイトを休んだのに、電車賃が無駄になった」と言っていたのだが、実はその考え方は少し違う。実際にデートに行かずに、待っていた1時間をアルバイトに使っていれば、1時間分の時給を得ることができたわけだから、無駄になったのは電車賃だけではなく、アルバイトの1時間分の時給も合算したものになる。

つまり、このケースでいえば、アルバイトとデートという選択肢の中で、デートのほうが自分の満足度が高いと考えデートを選択し、アルバイトという選択肢を捨てた。アルバイトに1時間使っていれば、1時間分の時給ももらえたし、待ち合わせ場所への電車賃もかからなかった。つまり、友人はデートの満足度はこれらの合計値よりも上だと判断したことになる。デートを選択しなければ得られたものは、この合計値（1時間分の時給+電車賃）であり、この数値を機会費用という。

実際にはこんなに数字を用いて判断はしていないのだが、常に人間は無意識のうちにこのようにして損得を考えながら行動しているのだ。

■モノの値段ってどうやって決まるんだろう

少しずつ、経済学が身近に思えてきているだろうか。次は少し違う視点から、身近なものを経済学と絡めてみていきたい。私たちは買い物をするとき、値札に書かれている値段通りに支払いをするが、そもそも値段とはどのように決まっているのだろうか。

著者（康平）の子どもが自分で歯磨きをするようになったとき、落としても割れないようにプラスチックのコップを子どもと一緒に買いに行ったことがある。あくまで歯磨きのときにしか使わないため、安く済ませようと100円ショップに買いに行った。黄色のプラスチックのコップを買って帰り、その日は嬉《うれ》しそうにそのコップを使っていた。

翌日、子どもに絶大な人気を誇るテーマパークへ行った。孫からのお土産ということで、著者（康平）の両親にお菓子でも買おうと思い、お土産を売っているショップに入ったところ、前日買ったのとほとんど同じようなプラスチックのコップがあった。唯一の違いはキャラクターが印刷されていることだ。しかし、値段の差は10倍近い。私も子どもも値段の差に驚いてしまった。

ただキャラクターが印刷されているかどうかで、これほど値段が跳ね上がるとは恐ろしい。しかし、その値段が付いているということは、その値段でも買う人がいるということになる。著者（康平）のように、安く買いたいというだけの人しかこの世にいなければ、その値段でコップを売っても売れないわけだから、自然とそのコップの値段は下がっていくはずだからだ。つまり、その印刷されているキャラクターには、**その値段の差額分だけ付加価値がある**ということなのだろう。

このことから分かるのは、**需要によって値段は動く**ということだ。欲しい人がいなければ、値段は下げていかないと売れないし、逆に欲しい人がたくさんいるのなら、値段は上げても売れてしまう。

しかし、ここでもう1つの視点を持たなくてはいけない。それは供給だ。限定品や季節の商品が高い値段で売買されるのは、市場に出回る数が少ないからだ。いまは馴染《なじ》みがないかもしれないが、著者（康平）が中高生のときはまだ音楽はCDで聴いていた。だいたい、どのアーティストも初回限定盤と通常盤の2種類を出していたが、当然ファンが多いアーティストだと、初回限定盤はすぐに売り切れてしまう。そのため、ネットオークションなどでは高値で売買されていた。

以上のことから分かるのは、**モノの値段というのは需要と供給が一致する部分に設定されるということだ**。何を当り前のことを言っているのだと思うかもしれないが、大学で経済学を学べば、まさに授業でこのことを習うのだ。最初に経済学の考え方は全ての業種において活用できると書いたが、この考え方はマーケティングにも十分活用できるだろう。

モノを高く売れれば、その分、企業は儲かる訳だが、消費者の目は厳しい。特に物価の上がらない国に住んでいる日本人は値上げなどには厳しいはずだ。それでも高く売りたいのであれば方法は2種類しかない。魅力的な商品を作って需要を増やすか、供給を抑えていくか。

昔、外資系のコンサルティングファームの面接で、水を1万円で売るにはどうすればいいか、というような質問をされるという都市伝説を聞いたことがあるが、それに対する解答は、砂漠で旅行していて、遭難してしまった人に売るというものだった。少し悪趣味な解答だなと思うが、砂漠で水がない（供給が絞られている）なかで、遭難してしまった人（水への需要が高い）に売るわけだから、供給が絞られ、かつ需要が高くなっているので、価格が急騰しても不思議ではない。

■苦手なものはやめて、得意なものに集中する

経済学で習う内容は日常の中にたくさん隠されている。経済学は難しくて自分には縁がないと思っている人には何も見つけられないかもしれないが、経済学を噛《か》み砕いて理解できている人はいくらでも見つけられるだろう。ここでは我が家で実際にあった話を紹介してみたい。

我が家にいる３人の子どものうち、上と真ん中の娘がよく歌を歌いながら踊っている。幼稚園や保育園でいろいろな歌を振り付きで習うので、お互いに披露しあっている。たまに、「お父さん、見て」と言われて、２人のライブを鑑賞するのだが、ある日長女がこん

な話をしてきた。毎日歌って、踊っていると気づいたのが、歌いながら踊るのは大変で、歌に集中しすぎると踊りがついていかなくなり、踊りに集中しすぎると歌詞が飛んだり、音が外れたりするという。そこで、長女は歌が得意で、次女は踊りが得意だから、長女が歌を歌い、それをバックに次女が踊るということによって、パフォーマンスの質が上がったというのだ。

もしかすると、子どもがいる家庭では、このような話は珍しくないかもしれない。子どもはふとしたことでさまざまな発見をしているものだ。普通はこのような報告を受けても、「そうなんだ。よかったね」という反応で終わってしまうかもしれないが、実はこの発見は経済学で習う理論そのものなのだ。

イギリスの経済学者であるデヴィッド・リカードが**「比較優位の原理」**という理論を発表している。また難しい言葉が出てきたと思うかもしれないが、ここでは表を使いながら理解していこう。

そもそも、比較優位とは何か。一般的には貿易のくだりで出てくる理論のため、登場するのは人ではなく国家だ。**各国がそれぞれ相対的に生産性の高い分野（生産物）を持っているが、それを比較優位と呼ぶ。**たとえば、日本は精密機器を作るのが得意で、サウジア

図表14　比較優位の考え方

	A国	B国
人口	3人	9人
布を作る	2人／1m	4人／1m
ワインを作る	1人／1ℓ	5人／1ℓ
合計	3人で ワイン1ℓ、布1m	9人で ワイン1ℓ、布1m

得意な事に集中する

	A国	B国
人口	3人	9人
布を作る		4人／1m
ワインを作る	1人／1ℓ	
合計	3人で ワイン3ℓ	9人で 布2.5m

A国からワイン1ℓ、B国から布1mを輸出すると…

	A国	B国
人口	3人	9人
合計	3人で ワイン2ℓ、布1m	9人で ワイン1ℓ、布1.5m
増加分	ワイン1ℓ 増加	布0.5m 増加

ラビアは大量に原油を生産しているなどだ。
まだ貿易という概念がなく、各国が自国のリソース（人口）を使って自給自足をしていた時代というのは非常に非効率的で、手に入る品はその土地の特徴に完全に依存していた。しかし、貿易という概念が生まれると、自国にないものを他国から輸入し、代わりに余分に生産したものを輸出できるようになる。そうなると、各国は相対的に生産性の高い分野にリソースを集中させ、苦手な分野からはリソースを外していき、そこは輸入で賄おうとする。その結果、世界全体で見ると、貿易の前後で生産性が高くなるという理論だ。

表を使ってより深く理解してみよう。人口3人のA国と人口9人のB国を考える。この世界にはこの2カ国しかなく、生産する商品も布とワインだけとする。貿易の概念がないときは、両国ともに布とワインを自国の国民だけで生産していた。表を見ると分かる通り、A国はワインを作るのが得意で、B国は布を作るのが得意だ。そこで、各国が得意な分野に全ての国民を動員すると、世界全体で見ると生産性が上がっているのが分かるだろう。その後、貿易すれば、各国で2商品をそれぞれ作っていたときよりも、両国とも豊かになっているのが分かる。

このように、家庭の何気ないイベントからも、経済学は学ぶことができるのだ。

■国力はどのように測るのか

よく新聞やニュースで「世界第3位の経済大国・日本」というような表現を目にする。子どもはこのような表現を耳にすると、「日本ってすごいんだね」と思う一方で、「ところで、何のランキングで3位なの」と聞いてくる。たしかに、何をもって国力を順位付けしているのか、不思議になるのも無理はない。人口なのか、はたまたそのような指標があるのか。

図表15　付加価値の概念

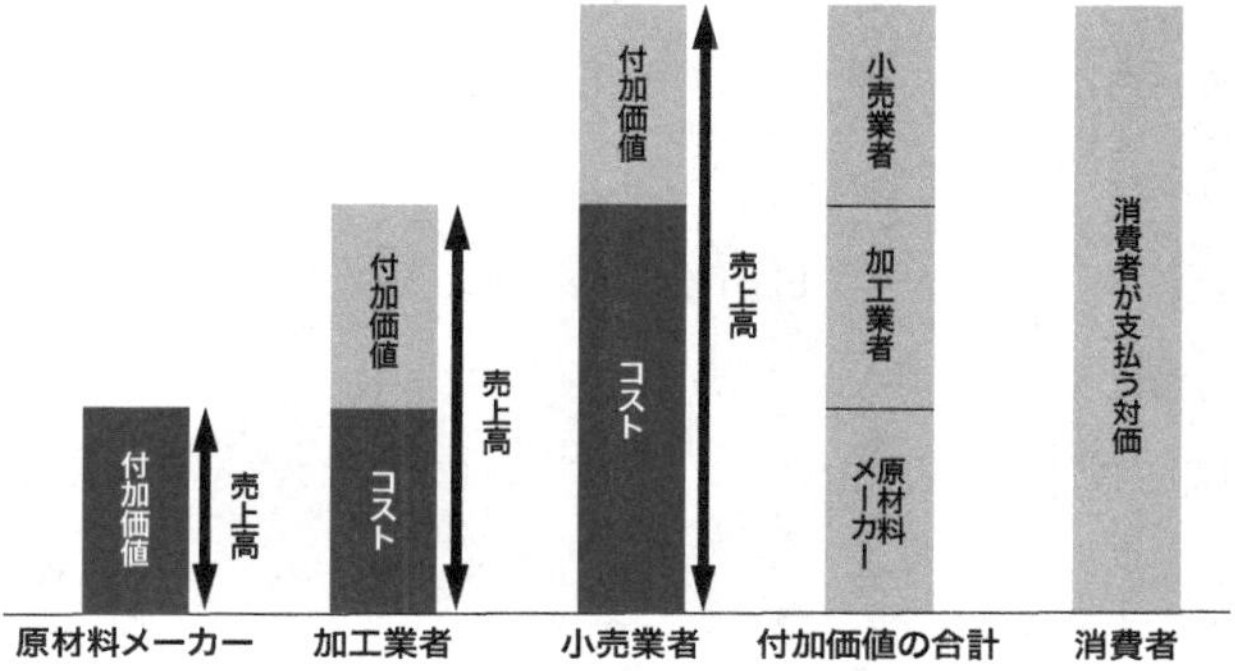

正解は**GDP（国内総生産）のランキングを参照している。**大人であれば聞いたことはあるかもしれないが、子どもから意味を聞かれたときにしっかりと説明できるだろうか。GDPはGross Domestic Product の頭文字を取ったもので、日本語訳はそのままで国内総生産となる。**国内で一定期間内に生産されたモノやサービスの付加価値の合計額**を指しているため、日本企業が海外で付加価値を生み出しても、それは含まれない。

付加価値といわれてもイメージが湧かないという方のために、著者（康平）が子どもたちに教える際に使用している教材の説明方法をそのまま記載しよう。図表15をみながら読んでいただきたい。

まず、原材料メーカーが素材から原材料を作って販売する。このときの売上が付加価値となる。そして、加工業者がその原材料を買い、加工して小売業者に売る。当然、原材料メーカーから買った値段（コスト）に上乗せをして小売業者に売るので、この新たに上乗せした部分も付加価値となる。小売業者は加工業者から買った値段にさらに上乗せをして消費者に売る。この上乗せ分も付加価値となる。そして、最終的に消費者はお金を払ってそれを買う。このように生産過程で都度上乗せされていく付加価値を合計したものがGDPになるのだ。

ちなみに、IMF（国際通貨基金）のデータによれば、2018年は米国、中国、日本、ドイツ、英国が上位5カ国となっている。著者（康平）が生まれた1985年時点での上位5カ国は米国、日本、ドイツ、フランス、英国となっており、中国は8位だった。それほど順位に変動が生じる類《たぐい》のものではないため、中国の経済成長が著しいことが分かるだろう。

このように国力を測る指標がGDPであり、GDPは付加価値の合計だと考えると、国力を上げるには、いかに付加価値を作り出していくのか、という点が重要になってくるということが分かるだろう。国レベルの視点から、企業レベルに視点を落とし込んでもこの発想は同じだ。付加価値の高い商品を開発して売れば、それだけ利益率が向上する。利益から人件費や固定費を支払って、残ったお金で人を雇ったり、投資をしたりしてさらに付加価値を生み出せるようにする。これができる企業が強い企業になっていく。さらにいえば、企業レベルから個人レベルに落とし込んでも同じことが言えるのだ。

個人レベルでいうと、自分が最も付加価値を発揮できる場所を探すのがとても重要になる。何も社長になることが働く人全員のゴールではない。何かをひたすら調べてまとめることが得意な人。社外の人に自社の商品やサービスの説明をして契約を取るのが得意な人。ひたすら細かい作業をミスなく地道に行うことが好きな人。いかに自分が最もパフォーマンスを発揮できる場所を探せるか、これが働く人にとっては重要なことで、それは企業にとっても重要であり、ひいてはそのマッチングが完璧《かんぺき》に行われると国力も上がるのだ。

■モノの値段と雇用を気にするだけでオッケー

景気が悪くなると、景気を上向かせようと財政政策や金融政策を取ることはご存じだろう。財政政策は公共投資や減税などを指すが、金融政策が何をするかは分かるだろうか。

実際に日本で金融政策を司《つかさど》る日本銀行の説明によれば、「日本銀行は、わが国の中央銀行として、物価の安定を図ることを通じて国民経済の健全な発展に資するため、通貨および金融の調節を行うこととされています（日本銀行法第1条、第2条）。調節にあたっては、公開市場操作（オペレーション）などの手段を用いて、長短金利の誘導や、資産の買入れ等を行っています。」となっている。

ここでは細かい説明は避けるが、簡単にいえば、景気が悪くなると金利を低めに誘導したり、市場に資金を供給したりするということだ。それでは、日銀は何を見ながら金融政策を決めているのだろうか。前述の説明にも「物価の安定を図ることを通じて国民経済の健全な発展に資する」とあるように、物価を参照している。**インフレターゲット**や、**物価目標**という言葉を目にしたことはないだろうか。現在は、日本銀行は**2％という物価目標**を持っている。当然ながら、日本は長い期間、ずっと物価が上がらない状態が続いているため、日銀は未《いま》だに目標を達成できずにいる。

それでは海外ではどうなのだろうか。たとえば、米国では連邦準備制度理事会（FRB）が中央銀行の機能を司っているが、連邦準備銀行法に基づいて、**「物価の安定」**と**「雇用の最大化」**という使命が課されている。つまり、米国の場合は物価だけでなく、労働市場も参照しているということだ。

ここでは特に中央銀行の役割や、金融政策について解説したいのではなく、各国の金融政策を司る中央銀行も、主に1つか2つの経済指標を参照しながら政策を決めているという点を共有したい。

経済指標は大量にあり、しかも日本だけでなく世界各国も経済指標を持っている。だいたい、毎日どこかの国で経済指標は発表されている。本書を読んで、少しでも経済や投資に興味をもってくれた方がいて、経済指標とかも気にして見てみようかなと思ってくれたとしても、実際に調べると指標が多すぎて、何を重視すればいいのか分からなくなってしまうだろう。しかし、中央銀行でさえも主に物価や労働市場を注視しているということを考えれば、まずは同じように**物価と労働市場に関する経済指標だけを見ればいい**のではないだろうか。

物価であれば、消費者物価指数を見ればよい。毎月1回、総務省統計局から発表されるので、ホームページにいけば数字は確認できる。原則として、最終金曜日の1週間前の金曜日、朝8時半に新しいデータが発表される。軽く見る程度であれば、「総合指数」と価格の変動が激しい「生鮮食品及びエネルギーを除く総合指数」を見ればよい。時系列で見て、物価の基調が上がっているのかどうかを見るだけでもいいだろう。

もう少し細かい分析をしたいということであれば、統計局のページから指数に採用されている585品目の値段の動きも見ることができる。生鮮野菜の価格などは台風などの影響で大きく動くため、スーパーに行った時に「最近野菜が高いなぁ」と思ったら、実際にデータを見てみてもいいかもしれない。意外な発見もあるだろう。

また労働市場に関する経済指標としては、**失業率**や**有効求人倍率**などを見るとよいだろう。それ以外にもまだ余力があれば、前述のGDPも見るようにしてもいいかもしれない。こちらは3カ月に1回しか発表されないが、必ず解説記事が新聞にも載るので、あわせて読むくせをつければ、理解が深まるだろう。

■人間はロボットじゃない！　から生まれる行動経済学

経済学とは何かという基本的な話から、実際の経済指標に至るまで、幅広い話を書いてきた。少し復習をしてみよう。経済学の世界では、人間は「合理的経済人」として仮定されていた。専ら自己の利益の最大化だけを追い求める存在だ。しかし、実際に人間というのはそこまで合理的に動くのだろうか。たとえば、困っている人がいれば自分のことは一《いっ》旦《たん》置いておいて、他人のために動くというのはよくあるだろう。また、明らかにこっちを選んだほうがいいと思われるときに、あえて違うほうを選ぶこともあるだろう。つまり、**人間は必ずしも合理的に動かないし、動けないこともある**のだ。

そもそもあり得ない人間像を前提としているから、経済学は学んでも意味がないし、実際に経済学者や経済学を学んだ人はたくさんいるのに、不況は起こるし、不況になってもすぐに改善できないではないか、という意見もよく見受けられる。しかし、あえて肩を持つ見解を書いておこう。経済学に限らず、人間が対象となる学問はだいたい極論を前提とすることになる。人間は十人十色のため、こういう人もいるというのを細かく反映しているとキリがなくなるからだ。また、結論をシンプルにしようとすると、どうしてもシンプルな仮定をおかなくてはいけなくなる。

とはいえ、あまりにも現実とかけ離れすぎても意味がないではないかという考えもあり、そこで**従来の経済学に心理学の要素も加味し、「行動経済学」という学問が生まれた**。行動経済学は人間の行動と心理についての話が多いため、従来の経済学に比べると馴染みやすいだけでなく、金融関連の仕事以外にも、マーケティングや商品企画にも役立つので、多くのビジネスパーソンに愛されている。
たとえば、著者（康平）は終日自宅で調べ物をしたり原稿を書いたりするだけの日は、近所の定食屋にランチを食べに行く。近所には大学も多いため、商店街にはさまざまな定食屋やレストランが多く並んでいる。毎日違う店を食べ歩いても、1カ月はもつ気がするが、なんとなく行きつけの定食屋に行ってしまうことが多い。しかも、注文する料理も同じものが多い。特に理由があるわけではないのだが、無意識のうちにそうしてしまっている。

実は、これも行動経済学の内容で説明が可能だ。2002年にノーベル経済学賞を受賞した**ダニエル・カーネマン**は、大抵の人間は金額が同じ場合、利益を得る喜びよりも損失の痛みをより感じやすいことを立証した。これを**「損失回避バイアス」**と呼ぶが、まさに私の行動はこれにあたる。新しいお店に行ったり、食べたことのないメニューを注文して、新たにお気に入りを見つけられた喜びと、雰囲気の悪いお店に入ってしまったり、不味《まず》いメニューを頼んでしまった場合のショックを比べた場合に、後者のほうを避けたいと無意識に思うからこそ、行きつけのお店でいつものメニューを頼んでしまうのだ。

■勝手にストーリーを作り出す愚かな人間

著者（康平）が行動経済学を高校で教えたときに実際に生徒にやってもらった実験を１つ紹介しよう。まず、生徒にコインを見せてこのように問いかける。「授業が始まる前にコインを投げたら、５回連続で表が出た。これからもう１回投げるが、次は表と裏のどちらが出ると思うか」と。少し考える時間を与えてから、表が出ると思う人、裏が出ると思う人とそれぞれ挙手をさせると、だいたい半々ぐらいに分かれてくれる。そこで、それぞれに理由を聞いてみると、だいたい同じ答えが返ってくる。

表と思う生徒は、「ずっと表が出るから、先生の投げ方とかコインに表を出しやすい傾向があるのではないか」、そして裏と思う生徒は、「表と裏が出る確率は半々だから、そろそろ裏が出ると思う」と答えるのだ。

実は両者とも非常にいいポイントをついてはいるのだが、あくまでコイン投げの結果は独立した事象のため、表が出る確率も裏が出る確率もともに２分の１だ。人間とは不思議なもので、機械的に判断すれば半々の確率の事象に対しても、「そういう流れが続いている」や、「そろそろ逆になる」といったストーリーを勝手に作り出して、確率を無視した判断をしてしまう。このような現象を**「ギャンブラーの誤謬《ごびゅう》」**という。

ちなみに、機械的に判断が可能な事象についてはこれが起こり得るが、**人間の思考や意識が作用する事象は対象外となる。**たとえば、じゃんけんがそれにあたる。5回連続でグーを出してきた相手が次もグーを出す確率は3分の1ではなく、相手の戦略によって変わってしまうからだ。5回連続でグーを出してきたから、そろそろ違う手を出すはずだと予想してチョキを出してくると考えれば、あえて裏をかいて6回目もグーを出すかもしれない。

このように、実際には機械のように合理的に動くことのできない人間の心理や習性をふまえた学問が行動経済学なのだ。行動経済学はマーケティングや商品企画にも活《い》きると前述したが、これまで紹介した2つの事例だとイメージしづらいかもしれないので、最後に**「フレーミング効果」**の例を挙げてこの章を終えようと思う。

あなたが珍しい病気になったとしよう。近所の小さい病院をいくつか回っても原因不明とだけ言われ、遂《つい》に大きい病院で検査をした結果、原因が分かったとする。検査の後に医者に呼ばれ、「この病気は大変珍しいのですが、100人の患者のうち90人は助かります」と言われたら、どう思うだろうか。原因が分かったこともそうだが、高い生存確率にひとまずは安心するのではないだろうか。しかし、「この病気は大変珍しいのですが、１００人の患者のうち10人は亡くなっています」と言われたらどうだろうか。おそらく不安な気持ちでいっぱいになるだろう。しかし、２つとも生存確率は90％だと、全く同じことを言っている。つまり、同じことを言うのであっても、使う数字や表現の仕方で、いくらでも受け手の印象や感情は変わってしまうということだ。

そう考えると、マーケティングや商品企画にも活きてくる学問だというイメージが湧くのではなかろうか。

第6章　家でお金の話を隠さない

■親子で話しづらいテーマは性とお金

親子同席のセミナーを開催すると、セミナー後に参加いただいた親御さんたちと話をすることが多い。また、30代も半ばになると子どもを持つ友人も増えるため、飲みの席では自然と話題は子どもに関することになることも多い。著者（康平）が金融教育をライフワークとしていることも少しずつ認知されてきたことから、子どもとお金の話をどのようにすればいいかと聞かれることも増えてきた。

子どもと話をするとき、どのようなテーマが話しづらいのかということを聞くと、「性」と「お金」の2つが必ず出てくる。どちらも違法なテーマでもなく、卑しいテーマでもないため、本来であれば話しづらいテーマになるのはおかしい。ただ、著者（康平）も娘を持つ父親として、「性」の部分については話しづらいと感じてしまう気持ちは理解できる。まだ著者（康平）の娘たちは幼いので、このテーマで話す機会はないが、たしかにどのように話をすればいいのか、少し戸惑ってしまう。父親と娘、母親と息子など、性別が違えば、その話しづらさは同性の場合よりも大きくなるだろう。ただし、卑しい話ではないし、正しい知識を持つべきテーマなので、実際にそのような機会があれば、変に隠すのではなく、オープンに議論し、正しい知識を与えるのが親の責務であることは間違いない。

著者（康平）が非常に驚くのは、性と同列でお金が親子間で話しづらいテーマとされているということだ。何を買うにしても、何をするにしてもお金が必要であり、子どもの頃からもおこづかいやお年玉という形でお金はもらうはずだ。子ども同士でおままごとをしていても、おもちゃとはいえ、お金を払ってモノを買っている。性というのは生まれたときから一生ついてくる概念だが、お金も幼少期から関係をもつものだ。

性に対して知識がなかったり、誤った知識を持ったりすることで子どもが危険な目にあうことがあるように、お金も知識の有無によって人生の質が変わってきてしまう。学校教育においては、少ないかもしれないが、性について学ぶ機会はある。著者（康平）が幼かったころは「保健体育」という授業の中で多少なりとも学んだし、理科の授業でも生物学的な側面からは学ぶ機会があった。しかし、お金に関しては皆無に近い。社会や公民の授業で少しは学んだかもしれないが、金融という言葉の意味や、中央銀行の役割などしか習った記憶がない。

社会に出るまでお金について学ぶ機会がなく、社会に出てからお金について学ぶ量も属人的であり、人それぞれだ。その結果、何が起きたかといえば、第1章や第4章で書いてきたような、各世代における貧困や特殊詐欺の増加だ。結局、お金についてオープンに議論がされないのは、未《いま》だにお金の話をするのは卑しいという考えが潜在的に刷り込まれているからなのだ。これからは自衛をしていかなくてはいけないのだから、誰も得をしないこの古い価値観を著者（康平）は壊したいのだ。

■どこまでお金の話を具体的にするか

では、実際に家庭でお金の話をどこまで具体的にすればいいのだろうか。著者（康平）もこれが正解だと言い切ることはできず、いまでも試行錯誤しているのだが、自身が子どもだったときと、自身が親となった現在を併せて考える部分を共有したい。

おそらく家庭でお金の話をしづらいという親たちが最初に考えるのは、親の年収を公開するかどうかということなのだろう。個人的には公開する必要はないと考えている。子どもにとって年収を数字だけ教えられても、それがどれくらいなのかは実感としては分かりづらい。どちらかというと、生活にかかるコストを細かく教えていってあげるほうがいいと考えている。

住んでいる家が賃貸であれば毎月払う家賃、電気代や水道代、携帯の通信費やインターネットにかかる費用など、毎月の固定費を項目ごとに教えてあげると、いずれ子どもが一人暮らしをする際に、いま親から与えられている生活環境を真似しようとすると、どれぐらいの費用が掛かり、そこから、どれぐらい稼げばいいのかを逆算できるようになる。

また、通っている学校の学費や、学習塾や習い事の月謝の額も教えてあげるといいだろう。そして、買い物や外食の際も会計の場には極力立ち会わせるのもよいと考えている。全てではないにせよ、毎月発生する費用の金額がそれぞれ分かっていれば、ザックリと合計しただけでも家計における毎月のなんとなくの固定費は分かるし、変動費も分かる。それを支払ったうえで、どれぐらいの余裕があるのかを子どもは雰囲気で察知できるので、そこから親の月収、ひいては年収もなんとなくは予想できる。

親が気を付けなくてはいけないのは、子どもの、雰囲気から状況を察知する能力の高さだ。この点を甘く見積もっている親が多いように見受けられる。子どもは想像以上に親の言動や雰囲気をみながら、親の経済的状況を見抜いていることが多い。ここで1つ実例を挙げてみよう。

著者（康平）がシングルマザーの貧困についての記事を書いた際に、実際に何人ものシングルマザーに取材をさせていただいた。その際、どうしても子どもも同席させないと難しいという方がいたので、同席で問題ないですよと伝えた。無事にインタビューも終わり、長時間付き合わせてしまったということで、子どもをスーパーへ連れて行き、お礼に好きなお菓子を何でも買ってあげるよと言ったところ、100円もしないお菓子を持ってきた。遠慮をしているのかと思い、値段は気にしなくていいから好きなお菓子を買っていいよと言ったところ、普段から高いお菓子は選ばないようにしているのだという。特に親からは年収などのお金の話はされないが、学校の友人と話をしたり、友人の家に遊びに行ったりするなかで、自然と自分の家庭の経済力が相対的にどれぐらいの水準なのかを把握しているようだ。

つまり、**何も教えなくても子どもというのは自然とある程度は家庭の経済力を相対的に把握していく**。そこで、親がお金についての話を一切しないのではなく、適切な情報量を与えてあげれば、子どもであってもかなり正確な金銭感覚やお金についての知識を身に付けられる可能性がある。

■家でお金の話をすることのメリットとデメリット

家庭でお金の話をしようと言われても、そのメリットとデメリットを分からないと決断できないという方もいるだろう。著者（康平）は**お金の話をすることにはメリットが圧倒的に多い**と考えているし、**ひた隠しにすることにはデメリットしかない**と考えているが、それでも話す内容や話し方によってはデメリットが生じかねないとは思うので、その部分を共有したい。

まず、前述の通り、親の年収は教える必要はないだろう。子どもの年齢にもよるが、親から聞いたことを周りに話す年齢の場合だと、教えた年収が高くても低くても、子どもにも周りの人間にも何も良いことが起きないからだ。また、具体的な数字を教えてしまうと、自然と比較をするようになってしまう。子どものときは数字の大小をそのままパワーバランスに直結させて考えがちなので、稼いでいるから偉いとか、稼いでいないからダメという発想になりかねない。しかし、一般的な統計データぐらいは教えてあげていいだろう。

次に、プレゼントや贈り物をするときは金額の話は避けるべきだろう。これは金融教育というよりは、あくまでマナーとしての話だ。しかし、買い物や外食の時に一緒に売り場を歩き、会計時に一緒に立ち会わせておけば、これはどれぐらいの値段だという相場観が身に付くので、できるだけそうしたい。大事なのは子どもにいかに相場観を身に付けさせるかということだ。家で新聞をとっている場合は、チラシが一緒に入っているはずなので、いろいろな店のチラシを子どもと一緒に読むのもよい。著者（康平）はチラシを読むことを勧めることが多いのだが、それには理由が1つある。外出時に子どもに相場観を身に付けさせようとしても、子どもたちは自分たちの興味のある商品棚にしか向かわない。おもちゃ売り場やお菓子売り場なら、すぐにあのおもちゃはいくらだといった相場観は、大人以上に身に付けるだろう。しかし、野菜や家電製品の値段は全く知らないまま大きくなってしまうケースもあるだろう。

チラシのいい部分は、あらゆる商品が1枚の紙にまとまっているため、普段は興味のないモノの値段についても知ることができるところだ。著者（康平）は子どもの頃、あまりチラシを読む機会もなかったので、恥ずかしながら自分で料理をするようになるまで、野菜がいくらぐらいかという相場観がなかった。今でこそ、白菜の値段が高くなったとか、今年はサンマが安いなど、売り場で値段をみながら感想を持つことができるが、子どもの頃はやはりお菓子やおもちゃの値段しか分からなかった。その反省もあり、いまは子どもたちとチラシを読むようにしている。

最後に、学費や習い事の月謝についての伝え方について言及しよう。これらについてはいくら必要か、或《あるい》いはいくら払っているかは伝えてもよいと考えている。特に年齢が上がれば上がるほど、伝えるべきだろう。大学生で奨学金を利用していたり、自分で学費を払っていたりする子どもは問題ないが、親が全額払っていて、それがいくらかを教えないでいると、本当に遊んだまま卒業する学生も多い。いかに自分がもったいないことをしているかを認識させるべきだろう。しかし、ここで気を付けないといけないのは、言い方だ。日頃から愚痴っぽい言い方をすると、親に迷惑をかけてはいけないという思考になる子どももいるため、本当はこの道に進みたいけど、親に申し訳ないからこっちに進もうなどという形で、自ら可能性を狭めかねない。基本的には**親は子どもの将来のためにお金を使うことは惜しくないと考えている**ことは同時に伝えていくべきだ。

■お金にだらしない人と付き合うと人生をダメにする

お金の話ばかり書いていると、お金のことしか頭にないのか、とお叱りを受けそうだが、残念ながらお金の話から距離を取ることは自分にとっても、周りの人にとっても不幸な結果しか招かない。そして、自分がいくらしっかりとしていても、そうでない人と付き合っていると悪い方向に引っ張られてしまう。だからこそ、お金の話は隠さずに話すのだ。

お金は非常に大切なものである一方、**ときとして人をおかしくしてしまう魔力も持っている。**お金が絡むと人格が豹変《ひょうへん》する人や、お金のことになると極度にだらしなくなる人を見たことはないだろうか。だからこそ、自分がそうならないようにお金の知識を付けて、正しい感覚を身に付けるだけでなく、自衛のために**お金の魔力によっておかしくなった人とは付き合わない**ことが重要なのだ。

親からずっと言われてきたことの1つに、**絶対に連帯保証人にはなるな、**というものがある。大人になったいま、この教育は間違っていなかったと思っているので、自分の子どもたちにも同様に伝えていくつもりだ。そして、自身の経験を通して、さらにもう1つ付け加えたいと思っている。それは、**他人とお金の貸し借りをするな**ということだ。

お金持ちの親が亡くなって、遺産相続で醜い骨肉の争いになるという展開は、昔のドラマや漫画ではよく見られた。創作物ゆえに、多少は大袈裟《おおげさ》に描かれている部分もあるかもしれないが、現実社会においても、程度の差はあれ、実際にお金をめぐる親族間の争いは起きている。

身内ですら、お金が絡むと醜い争いを起こすのだから、他人となれば皆まで言う必要はないだろう。もちろん、友人や知人が困っていれば貸してあげたくなる気持ちは湧くし、自分が困っている立場であれば、まず身近な人から頼りたくなってしまうだろう。しかし、貸してあげて約束通りすぐに返してもらえたり、自分がすぐに返せたりするのであれば問題ないかもしれないが、返せなくなった場合、その先は醜い争いか、泥仕合しか待っていない。

著者（康平）自身もお金の専門家としてモノを書いたり、人前で話をしたりしているが、過去に苦い経験をしたことがある。それで専門家を名乗るのかという指摘もあるかもしれないが、その指摘は受け入れたうえで、自分と同じような経験をしてほしくないので、この教訓は本書の中でも伝えておきたかった。

それなりにまとまった額のお金を貸したことのある人以外はイメージが湧かないかもしれないが、お金を貸している側のほうが、当然立場が強いと考えがちではないだろうか。実際は逆だ。**ないものは取れないので、開き直られたらおしまい**だ。

当然、そのようなことは許されないので、法的に取り返す手段はさまざまあるのだが、それはある意味で合法的に相手を追い詰めることになる。考えてみてほしい。自分が貸した相手は全く知らない人間ではなかったはずだ。

つまり、とことん追い詰めてでも取り返す覚悟があるならいいが、情に流されて何も考えずに貸すのはやめたほうがいい。そして借りる側も、借りた額を返済日までに耳をそろえて返すのはもちろん、後日借りた額の何倍も恩返しができる算段がない限りは借りるのはやめるべきだ。

■お金は墓場に持っていけないという教え

著者（康平）は誰に指示をされたわけでもないのだが、幼少期から貧乏性で、とにかくおこづかいやお年玉など、現金をひたすら貯めこむくせがあった。自分が飽きっぽい性格なのは幼い頃から既に自覚していたので、いま欲しいものを買ったとしても、1カ月もすると飽きてしまうのであれば、いま手元にあるもので遊んでいたほうが、お金も貯まっていくし得だと思っていたような気もする。広告を眺めて買ったつもりになったりもしていた。

ある日祖母が、今いくらぐらい貯蓄があるのかと聞いてきたときに、得意気に答えたところ、祖母は褒めてくれることもなく、むしろ「お金は墓場まで持っていけないんだよ」と苦言を呈してきた。想像していなかった反応に幼かった頃の著者（康平）は少しイラっとしながら、「無駄遣いするより、ちゃんと貯めているほうが偉いじゃないか」と思っていた。

しかし、経済学や投資の知識が付いてくるにしたがって、祖母の言っていることが正しいと思うようになってきた。著者（康平）が大人になる過程で、どのようにして祖母の発言を理解していったかを共有したい。

まず、お金を使うということは、使った分だけお金が減る一方で、お金を使って買ったモノやサービスによって、満足度が上がる。お金を使わないということは、もしものときのために備えることにはなるが、使わないでいる間はモノもサービスも買わないため、満足度は上がらない。貯蓄全額の内、どれぐらい使い、どれぐらい使わないのかという比率を最適にすることが重要であって、著者（康平）のように全く使わないという選択肢は最適解ではない。

また、お金を使うといっても、モノやサービスを買う以外にも投資という使い道もある。

しかも、この投資というのは、株式投資や投資信託を活用して資産運用をするという文脈での投資だけではなく、自分への投資という意味での投資も含んでいる。前者の投資であれば、増える可能性もあれば、減る可能性もあり、投資をすることが必ずしも正解だとは断言できないため、お金を使わない（投資しない）という判断は間違いとはいえないが、後者は前者に比べて期待値の高い投資のため、この投資に一切お金を使わないことはもったいないといえるだろう。

子どもであればおこづかいやお年玉などの収入があり、大学生になってアルバイトを始めれば給料が毎月もらえる。このように定期的に入ってくるお金の量も考慮しつつ、いま口座にある額のどれだけを使うのか、使わないのか。そして、使うのであれば何にどれぐらい使うのか。このようにお金の全体像を目的ごとに細かく分けてプランニングしていくことで、持っているお金が最も効率的に動いていくように考えることが重要だと思うようになった。

そのように考えられるようになってからは、資格試験の参考書や専門書を買ったり、いろいろな人に会いに行くためにお金を使ったりすることにはそれほど抵抗がなくなった。また不思議なことにお金を使うようになってから、お金が増えるようになった。この話は次に譲ろう。

■お金は使った人のところに舞い戻ってくる

お金は使った人のところに舞い戻ってくるという言葉を聞いたことがある。一見、矛盾している言葉のように感じるのだが、人生経験を積むほど、この言葉の意味を理解するとともに、まさにその通りだなと痛感する機会も増えてくる。

前述のように投資といっても、株式投資や投資信託を活用して資産運用をするという文脈での投資だけではなく、自分への投資という意味での投資もある。自分への投資とは、資格を取るためにスクールに通ったり、参考書を買ったりすることを指す。また、誰かに会いに行ったり、食事や飲みに行って関係を深めたり、セミナーや懇親会に参加して人脈を広げたり、さまざまな自己投資の手法はあるだろう。

目先の費用を気にして、何もせずにお金を貯めこんでいる人は、現状から将来まで何も変化が起きない。一方で、目先は自己投資をすることでお金が減ったとしても、長い目で見れば回収もできて十分利益も上げることができたという人もいるだろう。

この考え方は企業経営においても同じだ。利益率を極限まで高めようとするならば、固定費・変動費共にコストを徹底的に下げて、人は雇わずに1人で自給自足モデルをすればよい。受ける案件の単価を上げて、量も限界までこなせば、かなりの利益率が達成できるはずだ。まず、普通の企業では達成できないレベルでの利益率を出せるだろう。

しかし、これでは稼げる絶対額の上限も決まっているし、自分が病気や怪我で就労できなくなってしまったら、一気に売上はなくなってしまう。

そこで、目先ではコスト増の要因になるが、人を雇い、設備投資をすることで、将来的に稼げる絶対額の上限も引き上がるし、うまく仕組みが回り始めれば、誰かが就労不能になったとしても、継続的に売上を生み出し続けることも可能になる。

とはいえ、とにかく使えばいいという話ではない。前述の通り、全く使わないか、使い切るといった二元論ではなく、いかにそのバランスを調整していくか、というこの感覚が非常に重要になってくるのだ。これがビジネスの世界であれば、ビジネスセンスということになり、経営者であっても、従業員であっても、非常に求められてくるスキルになる。

第5章のなかで、何かを選択した時は、実は同時に何かを諦《あきら》めているというくだりで「機会費用」の話をしたが、この感覚に近いものといえる。お金を使うことで、現時点での満足度を上げたり、将来への投資をしたりすることができる一方で、同時に現時点でのお金の量は減ってしまう。そう考えると、実は子どもの頃にいかに機会費用の概念を身に付けさせて、実践回数をこなさせているかが、社会人になった時のビジネスセンスの差にも繋《つな》がってくるのかもしれない。もし、読者の方や、そのお子さん、お孫さんが著者（康平）のようにひたすら現金を貯め続けているようであれば、早々に**適度に使うことの重要性**を説いてあげたほうがいい。

■お金は寂しがり屋

格言とまではいえないかもしれないが、お金にまつわる言葉をいくつか紹介してきた。これで最後にするが、**「お金は寂しがり屋」**という言葉もよく耳にする。これは解釈が人によって変わってきそうだが、著者（康平）の解釈としては**「お金持ちはさらに富を蓄積していく」**だ。

格差という言葉をよく耳にするようになってから、かなりの時間が経った。お金は寂しがり屋だからこそ、お金のあるところに集まり、お金のないところには集まらないのだ。

これはさまざまな場面で実感することがある。

たとえば、いまここに2つの会社があるとする。1社は今にも倒産しそうなほど資金繰りが苦しく、もう1社は資金たっぷりの会社だとしよう。本当にお金が必要な前者の社長が銀行に行ってお金を貸してくださいと頼んだとしても、銀行は財務諸表や法人口座の預金残高を見て、貸せませんと回答するだろう。しかし、仮に後者の社長が銀行に貸してくださいと言えば、銀行はすぐに貸すはずだ。この場面だけを見ても、お金はお金のあるほうに向かうといえるのだ。

他の例も見てみよう。いまここに貯蓄が100万円の人と、10億円の人がいるとする。世界的に有名な企業が年利3％の社債を発行していて、前者も後者も貯蓄全額でこの社債を買ったとしよう。このとき、両者が取るリスクは同じだ。この会社が倒産してしまえば、両者ともに貯金全額を失うことになる。しかし、もしその会社が1年後も存在していれば、1年後に前者は3万円、後者は3000万円を受け取ることができる。正直なところ、1年で3万円もらったところで、それだけで生活はできない。しかし、3000万円ももらえるのであれば、その年は仕事をせずに1年中遊んで暮らしていても問題ないだろう。結局、同じリスクを取っていても、お金を持っていれば持っているほど、恩恵を大きく受けることができるのだ。

お金を持っていることが有利に働くことはこの世の中にはいくらでもある。最後にこんな例で実感していただくことにする。

サイコロを投げて、1〜3が出るか、4〜6が出るかの2分の1を当てるゲームを考える。1〜3を「小」として、4〜6を「大」とする。仮に「小」と予想して1〜3の目が出たら、賭《か》け金が倍になって戻ってくるが、「大」と予想していた場合は賭け金がそのまま没収されるとする。非常にシンプルなゲームだが、みなさんはやるだろうか。

理論上の勝率は2分の1だが、お金が無限にあればほぼ100％に近い確率で勝てる方法がある。たとえば100円を賭ける。当たれば200円戻ってくるので、また100円を賭ける。100円を賭けて外した場合は、次は倍の200円を賭ける。当たれば倍の400円が戻ってくるので、また100円を賭け、外れたらさらに倍の400円を賭ける。このときに、賭ける目は「小」か「大」のいずれかに決めたら、それ以外は選択しない。

あとはひたすらこれを続けていくのだ。仮に「小」に賭けると決めて、「大」が10回連続で出たとしても、計算上は11回目に「小」が出れば回収できる。この戦術の弱点は、負け続けたときに、賭け続けるだけの資金力があるかどうかなのだ。

結局、このようなシンプルなゲームでも、お金がある人はほぼ確実に勝てるが、お金のない人は博打《ばくち》をしなくてはいけなくなるのだ。

■評価は言葉ではなく金額

会社員をやっていると、会社にもよるが半年に1回、または年に1回、給与改定の時期が来る。給与が上がれば嬉《うれ》しいものだが、そもそも自分の給与が高いのか、給与の上昇幅は大きいのか。このあたりはなかなか正確に判断できないものだ。お金の話をオープンにできない日本人の特徴がここにも表れている。同僚や上司にいくらもらっているか、どれぐらい給与が上がったかなどは聞きづらいからだ。

まだ給与が上がったのであればいいが、下げられてしまったり、据え置かれたりすることもある。そのときに、その評価に対しても、なかなか上司や会社側には意見が言いづらい。なぜなら、従業員という圧倒的に弱い立場だからということもあるが、やはりお金のことをうるさく言っていると、人間性を疑われそうという恐怖心もあるからだ。

しかし、お金をもらって仕事をしている以上は会社員もプロだ。プロ野球選手と何も変わらない。プロ野球選手は成績が良ければ20代でも１億円以上もらうプレイヤーもいるし、成績がずっとふるわなければ、解雇されてしまうという厳しい世界に生きている。会社員はそこまで厳しい世界に生きているわけではないので、プロ野球選手ほど上下の幅はないが、それでも給料が上がらないということは、会社から見れば貢献しなかったという評価をされたのと同然だ。

昔、あるプロ野球選手が契約更改の後の会見で、「評価は言葉ではなく金額」という発言をして物議を醸したことがあるが、これはプロであればこその発言であり、叩《たた》かれるような発言ではない。特にプロ野球選手の場合は怪我や病気で意図せず試合に出られなくなることもあれば、同じポジションに数年に１人の逸材が入団してきてスタメンを追いやられてしまうこともある。このように外的要因で職を奪われる可能性もあり、選手生命もそこまで長くない。ほとんどの選手が40歳を前に現役を退くわけだから、稼げるときに稼いでおかないといけない。過去の契約更改では、少しゴネただけで１０００万円以上も当初の提示額よりも金額が上がったことも散見されたのだから、少しでも不満があれば交渉すべきだろう。しかし、お金のことになるとどうも強く言いづらいのはプロ野球選手も同じようで、最近では代理人を使う選手もいるようだ。

よく若手の会社員が給与改定の面談で、給与が上がらないことを通知されるのと同時に「やりがい」や「期待」という言葉を併せて言われることがある。「今回は給与は据え置きになっているが、今の仕事にやりがいを感じていると思うし、会社も君には期待しているぞ」という具合だ。著者（康平）はすぐにカウンターパンチを浴びせるタイプと周知されているので、こういう経験はないのだが、給与改定の時期はよく周りの同僚からはこのような発言とともに給与の据え置きや微増を提示されたという愚痴を聞いたものだ。

お金にだらしない人と付き合うと不幸になると前述したが、それは自分自身についても同様だ。お金周りのことは毅然《きぜん》として話しにくいし、交渉もしたくないという気持ちは分かるが、自分のお金を守れるのは自分だけだ。お金周りの話で不自然に感じることがあれば、ハッキリと話し合いをして解消する癖をつけたい。

■おこづかいの考え方

子どもに対する金融教育の重要性は日々日本でも認知されてきている。しかし、どこにも子ども向けの金融教育を体系だてて教えてくれる場所がないのが現状だ。あったとしても、スポットで1回だけ勉強会やセミナーなどのイベントがあるとか、とても金融教育とは呼べないような質のものしか存在していないだろう。

著者（康平）も日本で金融教育を普及させるべく起業したこともあり、起業したての頃は関係各所に相談に回り続けた。しかし、すぐに学校教育に組み込むのは不可能という結論に達した。それでも機会をもらうたびに講師としてさまざまな場所へ足を運んだが、全ての子どもに均質の教育を届けるということは依然としてできていない。

そうなると、やはり**家庭での金融教育が現時点では最適解**だと考えざるを得ない。しかし、家庭での金融教育という話になると、今度は親が何をしていいのか分からないと焦ることになり、真面目な親ほど教材を買って教えようとするのだが、その必要はない。家庭には既に最強の金融教育ツールがある。それは**「おこづかい」**だ。

おこづかいについてはさまざまな考えがあるが、それは当然のことだ。なぜなら子どもの年齢や、その家庭の環境など複数の要因によって答えが変わってくるからだ。最初に議論の対象となる「あげる、あげない」という点については、著者（康平）はあげるべきと考えている。少額であっても定期的にお金が入ってくるという状況を作り、貯めることと使うことを通じて、選択する癖や我慢などを感覚的に身に付けさせたいからだ。

次に金額や頻度についての議論が生じる。これが正解だと言い切れないが、自身の経験と、これまで親たちと話をしてきた内容を総括すると、**金額は年齢に応じて徐々に引き上げていき、頻度は年齢に応じて下げていく**というのが現時点での最適解として考えている。

実例として我が家のケースを共有すると、もうすぐ6歳になる長女と3歳半の次女には毎月15日と月末に100円をあげている。当初は長女は100円で、次女は50円としていたが、硬貨の種類が違う上に、五十円玉は穴が開いていて嫌だと泣き出したため、結局2人とも同じ金額にあわせることとなった。1歳半の長男にはまだあげていない。

頻度を月に2回にしているのは、前述の「頻度は年齢に応じて下げていく」に関連しているのだが、まずは少額でも定期的に現金が入ってくる環境を作り、「使う、貯める」の意思決定の機会を多く与えることで、子どもに予算管理の能力を身に付けさせたいからだ。子どもの年齢が上がり、予算管理の能力が高くなってきたら、頻度を下げてもいいだろう。年齢に応じて金額も徐々に上げていくわけなので、我が家でも月2回100円をあげているおこづかい制度もそのうちに金額が200円、500円、1000円などと上がっていき、頻度も月1回になる予定だ。

■異国で少し暮らすのもよい機会

少子化や共働き世帯の増加が影響しているのかもしれないが、子どもに対する教育にはお金をかける家庭が増えている印象だ。なかでも、最もポピュラーなのが英語教育だろう。著者（康平）がマレーシアによく出張に行っていた時期があったのだが、当時は、**「逆単身赴任」**という言葉が流行《はや》っているようだった。逆単身赴任というのは、父親は日本で働き、母親が子どもを連れて海外で生活をするというケースを指している。

子どもに英語を勉強させようと思ったときに、海外で暮らすことでネイティブのような語学力をつけさせたいという親の気持ちは分かるが、欧米だと費用が高くつくので、アジア圏内を探す人が多いようだ。しかし、アジア圏内でもシンガポールや香港では昨今は生活コストが非常に高いため、マレーシアに語学学習の地としての白羽の矢が立ったようだ。

また、マレーシアが地理的に、アジア各国どこへ行くにも中間地点のような場所にあることや、もともと人種のるつぼの国であり、外国人が現地の生活に溶け込みやすいということもメリットとして捉《とら》えられているのだろう。

著者（康平）も海外で３年程度生活をしていたので思うのだが、たしかに言葉を学ぶのであれば、現地で生活をするのが一番いいと考える。座学だとどうしても不自然な表現を覚えてしまうが、現地で生活をしていると現地の人が使う表現を最初に覚えられるので、実践的な意味での語学力がとても身に付く。

しかし、異国で暮らすことは、必ずしも語学力だけを向上させるのではなく、金融リテラシーも向上させてくれると考えている。

たとえば、国によって通貨は違い、日本なら日本円、米国なら米国ドル、マレーシアならマレーシアリンギットなどさまざまだ。このようなことは知識としては知っているが、現地で実際に現地通貨を使うことで、各国の通貨の特徴を知ることができる。日本のように紙の紙幣もあれば、プラスチック素材の紙幣を使っているところもある。そんなこと、どこが金融リテラシーなのかと思うかもしれないが、少なくとも日本で行われている子ども向けの金融教育の授業の一部ではお金の歴史を教えており、そこでは日本円も昔は貝や布だったと素材について学んでいるのだから、この知識も十分に金融リテラシーの一環と言っていいだろう。

また、各国がそれぞれ自国通貨を使っているから、外国為替《かわせ》市場が存在し、そこで為替レートが決定されているということも知識では知っているかもしれないが、日本国内だけで生活をしていたら、それほどリアルには理解できないはずだ。著者（康平）も初めて海外駐在をしたのはインドネシアだったが、最初の頃は何も分からず空港で両替をしていた記憶がある。しかし、徐々に慣れ始めると、ショッピングモールで両替をしたほうがレートが良いことに気付いた。そして、もっと現地での生活に慣れてくると、外国人があまり来ないような場所にある小さな両替所や、両替もしてくれる飲食店のような店で両替をするほうが圧倒的にレートが良くなることに気付いた。また、毎日レートを確認しながら、少しでも有利になりそうな日にまとめて両替をしていたものだ。このように、実生活に外国為替が入ってくると、日々のレート変動も身近に感じるし、両替時の手数料となるスプレッドにも敏感になってくる。これもまた、金融リテラシーの1つだろう。

そして、著者（康平）の場合は先進国よりも新興国に駐在したり、出張したりすることが多かったのだが、新興国で暮らすと日本との差が至るところで大きくなるため、より金融リテラシーの向上が見込まれる。

たとえば、経済の基礎的な授業でインフレーション（物価上昇）を学ぶ際に、「1年で2%の金利が付く銀行口座にお金を預けているとする。その国の1年間のインフレ率が3%だとすると、1年後の現金の価値はどうなりますか？」というような問題を目にすることがある。問題の意図は十分に理解できるが、正直日本で暮らしている30代半ばまでの人は感覚的には理解できないだろう。なぜなら、この30年近く、日本では低インフレ、低金利が続いているからだ。

しかし、新興国では話が違う。著者（康平）がインドネシアに駐在していた時、銀行によっても、預ける期間によっても金利はバラバラだったが、1年預けていたら4〜6％の金利が付くと言われていた。そして、当時のインフレ率は前年比で＋6％前後となっていた。駐在を開始したときと比べ、帰任するときにはコンビニエンスストアで売っているポテトチップスの値段が1・5倍程度高くなっていたことは今でも鮮明に記憶に残っている。

このように、異国での暮らしは語学力だけでなく、金融リテラシーの向上にも大きく貢献してくれるということを共有したい。

第7章　我が家の金融教育（卓郎編・息子2人）

■子どもに金儲けを教えるべきか

仕事が忙しくて、なかなか家に帰れなかったので、著者（卓郎）が息子（康平）に体系立てた金融教育をしたことはない。もちろん、康平がいろいろ聞いてくることにはきちんと答えたつもりだし、経済関係の本が読みたいと言えば、いくらでも与えていた。ただ、そのやり方は、料理人が弟子に対して、**「技術は目で盗め」**と丁寧な指導をしないやり方と一緒で、康平に与えた情報は断片的だった。ただ、康平は、断片情報に自分で勉強したピースを加えることで、ジグソーパズルを完成させた。**自分で調べて、考えたほうが、ずっと身に付く**から、私は放置スタイルの金融教育自体が大きな間違いだったとは思わない。

ただ、いまになって思うと、1つだけ康平に伝えきれなかったことがある。それは、倫理の問題だ。私は、お金は働いて稼ぐもので、お金にお金を稼がせてはならないと考えている。もちろん、汗水垂らして稼いだお金が減価しないように、インフレヘッジをすることは構わないし、企業を応援するための株式投資をしても構わないと思う。ただ、単にお金を増やすことだけが目的の投資は、やってはならないと思うのだ。ところが、残念ながら、そのことは、康平にはまったく伝わっていないようだ。

そこで以下では、もし、時間があって、体系的にお金の話をできたとしたら、康平にこんな話をしてあげたかったということを、まとめていこうと思う。

■村上投資教育は正しいか

村上ファンド代表として、**「モノ言う株主」**という言葉を流行《はや》らせ、世間を騒がせた村《むら》上世彰《かみよしあき》氏が、久しぶりにマスメディアに登場した。自らの財団を使って、中高生に投資を覚えてもらうため、１人当たり最大10万円を供与するというのだ。

仕組みはこうだ。財団が、中高生に資金を一旦《いったん》贈与する。そして、中高生は株式投資で資金を運用し、利益が出た場合は、１年後に元本だけを返済すればよく、利益は自分のものになる。一方、損失が出た場合は、残っている資金だけを戻す。全損になれば、返済義務はない。対象となる中高生は、最終的に累計で１００万人を目指すという。

村上氏は、「金儲《かねもう》けが悪いことではないことを、若い人に感じてほしい」と言っている。

しかし、本当に金儲けをすることが、悪いことではないのか。

今回の「利益が出たら自分のもの、損が出ても支払わなくてよい」というルールの下で、どのような投資行動を取ればよいのか。

普通に株を買っていても、1年間で得られるリターンは限られている。だから、著者(卓郎)だったら、新興市場の値動きの激しい銘柄に投資資金を投入して、短期売買を繰り返す。1年で資金を3倍に増やせれば、2倍分は自分のものだ。一方、全損になってしまっても、自分で負担することはないのだから、負けのない博打《ばくち》だ。

実際に、そうした投資行動をとる中高生が、多いのではなかろうか。そして、そのことが、教育上望ましいのだろうか。

今やマルクス経済学を教える大学はほとんどなくなってしまったが、著者(卓郎)が大学生のころには必修科目だった。**マルクス経済学の肝は、労働価値説**だ。つまり、労働者が一生懸命努力して、額に汗して働くことで付加価値が生まれるのだ。著者(卓郎)は、このマルクス経済学の理念は、いまでも正しいと信じている。

しかし、村上氏は短期間の株式売買で、利益を生み出すことを、子どもたちに教えようというのだ。その背後には、「会社は株主のもの」という村上氏の基本理念がある。株主のものだから、値上がりすると思えば、株を買うし、値下がりすると思えば、さっさと売る。

もちろん、会社法上も、会社は株主のものということになっているから、村上氏の思想は、法律の上からみても正しいのかもしれない。しかし、会社は、従業員のためのもので、消費者のためのもので、地域住民のためのものでもある。株主が事業資金を出したからと言って、会社を単なる金儲けの道具にしてよいということにはならないのではないか。

もちろん、著者（卓郎）は株式投資を否定しているわけではない。ただ、**国民生活の向上のために頑張っている企業が事業を行うための資金調達を長期的なスパンで応援するというのが、本来の株式投資**なのではないだろうか。5年、10年と株式を持ち続けて、良いときも、悪いときも、会社と運命を共にする覚悟を持った人が、株主になるべきなのではないだろうか。

投資資金を1年で精算させるという村上氏の構想には、そうした視点がまったくないのだ。

「子どもたちのなかから、スターの投資家が現れれば、社会は変わるはずだ」と村上氏は述べている。それはそうかもしれないが、世の中の子どもたちが、日々博打に興じる社会は、本当に望ましい未来なのだろうか。

■お金って何だろう

かつてのお札（紙幣）は、金（きん）の代わりだった。だから、お金を中央銀行に持って行くと、金と交換してくれた。**金本位制度**という仕組みだ。日本でも、昭和初期までは、そうした仕組みになっていた。しかし、金本位制だと、中央銀行は、金を保有している分だけしかお札を発行できないので、経済運営に悪影響が出てしまうことが分かった。そこで、世界各国は、**管理通貨制度**といって、中央銀行が自由にお札を刷れる制度を導入した。著者（卓郎）は、学校でそう習ったのだが、そのときに私は大きな勘違いをしてしまった。「何だ。いまのお札はただの紙切れにすぎないんだ」と思い込んでしまったのだ。恥ずかしながら、私は、その過ちに大学で経済学を学ぶまで、まったく気付かなかった。

紙切れに過ぎない紙幣になぜ価値があるのだろうか。それは、私が子ども時代にずっと抱え続けた疑問だった。私が出した結論は、皆が「お金だ」と思っているから価値があるので、その「信仰」がなくなった瞬間に、お札は紙くずになるというものだった。

ただ、その理解は間違っていた。確かに、お札を日本銀行に持って行っても、何かと交換してくれることはなくなった。ただ、日銀は、好き勝手にお金を刷っているわけではない。何か資産を買って、その代金としてお札を支払っているのだ。中央銀行が保有する資産には、国債や社債、株式、不動産、金など、さまざまなものがあるが、一番大きな資産は、国債だ。日本銀行の場合、資産の85％が国債だ。米国の場合は、少し低いが、それでも55％と、過半が国債だ。つまり、**紙幣の価値は、国債の価値が裏付けになっている**のだ。

そう考えると、財政に行き詰まった政府の国債を中央銀行がどんどん引き受けて、紙幣を乱発すると、なぜ紙幣の価値が下がるのかが、よく分かる。返済の見通しのない国債を乱発すれば国債の価値が下がる。お札の裏付けとなっている国債の価値が下がるのだから、お札の価値が落ちる、つまりインフレになるのだ。

もちろん、すぐにインフレになるわけではない。太平洋《たいへいよう》戦争の際に、日本政府は、戦費を賄うために戦時国債を大量に日銀に引き受けさせて、とてつもないインフレを招いた。ただし、太平洋戦争の戦費はＧＤＰの９倍というとてつもない水準だった。一方、安倍《あべ》政権も日銀に大量の国債を買わせて、お金を大量発行する**「異次元金融緩和」**を行った。だが、インフレにはなっていない。日銀の保有する国債は、まだＧＤＰの水準にも達していないからだ。おそらく高率のインフレになるのは、日銀の国債保有がＧＤＰの数倍になったときだろう。

さて、何故こんな話をしているのかと言うと、仮想通貨と通常の通貨の違いを知ってもらうためだ。日本銀行券を初めとする**世界で流通している一般の通貨は、必ず資産の裏付けを持っている**。だから、お札の価値は、少なくともその資産の分まで下落しない。

一方、ビットコインに代表される仮想通貨の場合は、異なる。仮想通貨は、取引の健全性を検証するための計算（マイニング）を行った人に新規供給分が割り当てられる。だから、資産の裏付けが一切ないのだ。

現実の通貨が郵便切手だとすると、仮想通貨はビックリマンシールのようなものだ。

1960年代に切手のコレクションブームが起きたとき、珍しい切手には、とてつもない高値がついた。「見返り美人」とか「月に雁《かり》」といった切手には、数万円の高値がついたのだ。その後、ブームの終焉《しゅうえん》とともに価格は暴落した。だが、どんなに値下がりしても、切手の場合、額面を大きく下回ることはない。切手には、封筒や小包に貼り付ければ、郵送ができるという裏付けがあるからだ。ところが、ビックリマンシールには、裏付けがない。稀少《きしょう》なシールには、いま高値がついているが、それは高値でも買いたい人がいるからだ。そうした人がいなくなれば、裏付けのないビックリマンシールは、価値を持たなくなる。つまり、価格がゼロになる可能性があるのだ。

もちろん、著者（卓郎）は、ビックリマンシールを買ってはいけないと言っているのではない。現に、私もヤフオク！やメルカリで、ビックリマンシールを買っている。ただ、それを貯蓄の手段として考えているわけではない。いざ売る時に価格がゼロになってもよいから、趣味のコレクションとして買っているだけだ。

仮想通貨も裏付けがないという意味で、ビックリマンシールとまったく同じだ。欲しい人が多ければ値段は上がるし、いなければいくらでも下がっていく。だから、長期の貯蓄手段として仮想通貨を用いてはいけないのだ。短期で値上がりを狙うことはできるが、それは投資というよりも、競馬や競輪のようなギャンブルに近いのだ。

仮想通貨ブームのときには、1億円以上の値上がり益を手にする「億り人」が続出して、ブームに輪をかけたが、いまから振り返れば、それはほんの一瞬の出来事だった。おそらく、出遅れて仮想通貨投資に参入して、大損をした人のほうが多かったはずだ。損をした多くの人は、お金の裏付けということを、きちんと理解していなかったのではないかと、私は考えている。

■お金は「持っている」だけで価値がある

我が家には長男の康平のほかに、次男がいる。康平は自由業で、収入も不安定なのに対して、次男は普通のサラリーマンで収入も安定している。ただ、将来、苦労するだろうなと思うのは、次男のほうだ。2人のお金に対するスタンスが真逆だからだ。康平は、いつも手元に資金を持っておくタイプなのだが、次男は、あるだけ使ってしまうタイプだ。

「お金は使うためのもので、あの世まで持っていけないのだから、稼いだらその分だけ使えばよい」というのも、1つの考え方であることは、間違いない。

しかし、**お金は「持っている」だけで価値がある**のだ。

以前、タバコが増税で大幅に値上がりしたとき、著者（卓郎）は1000箱以上のタバコを値上げ前に買い溜《だ》めした。それをみていた教え子の学生が、私にこう言った。「先生はいいな。ボクも同じことをしたいけど、手元にお金がないから、できないんだ」。

このときは、タバコが1箱110円値上がりしたので、お金があった私は、合計で11万円トクをして、お金がまったくなかった学生は、値上げの日から増税分を支払う羽目になったのだ。

お金を持っていること自体が有利に働くというのは、値上げのときだけではない。たとえば、我が家は康平が中学生になったとき、少し大きな家に住み替えた。ただ、当時はお金がなかったので、手持ち資金に住宅ローンを加えた金額では、新しい家を買うことができなかった。そのため、我が家は、先に自分の住んでいる家を売りに出した。家はすぐには売れなかった。そのため、毎週週末になると、不動産会社が見学者を連れてきた。週末は、その対応に追われ、どこかに遊びに出掛けることもできない。また、家のなかにズカズカと他人が入ってくるのだから、生活も滅茶苦茶《めちゃ》になってしまう。また、生活をしている家というのは、いろいろな荷物が置いてあるので、すっきりと片付いた家と比べて見劣りがしてしまう。結局、なかなか売れずに、見学者の受け入れが長引いてしまうのだ。あのとき、もしお金を持っていて、手持ち資金と住宅ローンだけで新しい家を買い、引っ越しを済ませた後、家財道具の片付いた家を売りに出せば、もっと早く売れただろうし、値段ももっと高い値段で売れただろう。

もっと深刻な問題がある。消費期限切れの食品を消費者に売ってしまったり、粉飾決算をしたりと、企業犯罪に加担したサラリーマンは、極悪人かというと、たいていの場合は、そうではないのだ。彼らは、真面目なサラリーマンで、ただお金がないだけなのだ。上司から不正を働けと指示されたとき、お金がないとそれが拒否できない。拒否して会社をリストラされたら、生活が成り立たなくなってしまうからだ。お金がないと正義も貫けないのだ。

著者（卓郎）が、「情報ライブ ミヤネ屋」でご一緒している蓬莱大介《ほうらいだいすけ》気象予報士は、お父さんからこう言われたそうだ。**「世の中のトラブルの9割はカネで解決できる」**。私自身の経験でもそれは事実だ。刑事事件でも被害者と示談が成立しているかどうかは判決の大きなポイントになるし、民事事件は、そもそもいくらお金を支払うのかという争いだ。何か問題を起こしてしまったときに、いくら補償ができるのかというのは、加害者の人生を変えてしまうほど、大きな影響力を持つのだ。

■地獄の沙汰もカネ次第

カルロス・ゴーン被告が2019年3月6日に保釈された。メディアは、ゴーン被告の変装に話題を集中させたが、著者（卓郎）がどうしても気になっているのは、公判が始まった森友《もりとも》学園の籠池泰典《かごいけやすのり》被告とのバランスだ。

籠池被告は、10カ月近く勾留《こうりゅう》されたのに対して、ゴーン被告の勾留は3カ月余りに過ぎなかったのだ。これは、どう考えてもバランスを欠く裁判所の判断だ。

まず籠池被告は容疑の一部を認めているのに対して、ゴーン被告は全面否認だ。また、籠池被告は、1億7700万円の補助金を騙《だま》し取った容疑だが、ゴーン被告は、私的な投資の損失に対して信用保証に協力したサウジアラビアの実業家に日産の子会社から13億円を不正に送金したのと同時に、役員報酬91億円分を有価証券報告書に過少記載した容疑になっている。ゴーン被告のほうが、圧倒的に額が大きいのだ。さらに、籠池被告の事件は、構造が単純で証拠隠滅の恐れがほとんどないのに対して、ゴーン被告の場合は、事件が世界に広がっているため、検察が十分な証拠や、証言を集められていない可能性が高い。

つまり、バランスから考えたら、どう考えてもゴーン被告のほうが、勾留期間が長くなってしかるべきなのだ。しかし、現実にはゴーン被告の勾留は3分の1だったのだ。原因は、明らかだ。ゴーン被告が、有能な弁護団、特に無罪請負人と呼ばれる弘中惇一郎《ひろなかじゅんいちろう》弁護士を任命したからだ。

私は、ゴーン被告の保釈以降、メディア出演の度に、弘中惇一郎弁護士が受け取る報酬は、いくらとみられるのか、聞いてみた。

刑事事件の弁護士報酬は、昔はある程度の相場があったそうだが、いまは独占禁止法に触れるということで、完全な自由価格になっているという。そして、あくまでも一般論としながらも、弘中弁護士のような超一流の弁護士の場合、着手金だけで数千万円、無罪になった場合の成功報酬は数億円というのだ。また一部の弁護士は、着手金で数億円、成功報酬は10億円を超える可能性があると話していた。

そして、もう1つ弁護士たちが共通して話していたのが、有価証券報告書の不実記載はともかく、会社法の特別背任に関しては、ゴーン被告が無罪を勝ち取る可能性が十分あるということだった。

これは、おかしくないだろうか。籠池被告の有罪は、確実とみられる。もちろん罪を犯したのは事実だ。しかし、森友学園の問題では、8億円の値引きをして、国民に大きな損失を与えた財務官僚は、最初から不起訴で刑事責任を問われないし、会社を私物化して、私的投資の損失の穴埋めを会社にさせていたゴーン被告は、天文学的金額の弁護士報酬の支払いと引き換えに、無罪になる可能性が出てきているのだ。

それが資本主義社会だと言われればそれまでなのだが、刑事責任まで、カネ次第で決まる世の中は、私はおかしいと思う。ただ、残念ながら、それが現実なのだ。

■ローリスク・ハイリターンはあり得ない

「元本が保証されているにもかかわらず、年利20％の配当が確実に支払われます」

そんな甘い言葉で投資家からお金を奪い取る投資詐欺が、いつまで経ってもなくならない。そもそも、**銀行や郵便局、信用金庫などの金融機関以外の者が、元本保証や固定金利の商品を出すことは、法律で禁じられている。**だから、金融機関以外の組織が、元本保証を謳《うた》っていたり、固定金利を謳っていたりしたら、ほぼ間違いなく詐欺だと考えなければならない。

ところが、詐欺は、巧妙に行われる。犯罪者は、詐欺集団に限らない。たとえば、２００８年９月に起きたリーマン・ショックで、世界経済が破綻《はたん》するきっかけを作ったのは、ＣＤＯ（債務担保証券）という金融商品だった。ＣＤＯ自体は昔から存在するのだが、リーマン・ブラザーズ証券を始めとする米国の投資銀行は、サブプライムローンの返済金を受け取る権利を証券化した資産担保証券を初めとするリスクの高い複数の証券を金融工学という高度な数学を使ってリスクをコントロールすることで、ローリスク・ハイリターンの商品として完成させたという触れ込みで世界中に売りまくった。しかし、金融工学が実際にやっていたのは、リスクを相殺して下げることではなく、リスクが見えないように隠《いん》蔽《ぺい》することだった。そのことが明らかになると、CDOの価値は暴落して、紙くずになってしまった。その損失が世界中に広がっていったのだ。

そもそも、金融商品には、ローリスク・ローリターンとミドルリスク・ミドルリターンとハイリスク・ハイリターンの3つしか存在しない。高い利回りを獲得しようとすれば、元本を失う可能性が確実に高くなるのだ。

たとえば、銀行預金は、確実に元本が返ってくる。しかし、普通預金金利はわずか0・001%しか付かない。一方、仮想通貨に投資すれば、何百倍にも化ける可能性がある。しかし、1円も返ってこない可能性がある。日経平均株価に連動する投資信託を買えば、そこそこのリターンは期待できるが、収益がマイナスになることも当然あり得る。

そんなことは、当り前だと思うのだが、多くの人が、投資詐欺に騙されたり、あるいは投資で損失を出したりして慌ててしまうのは、「リスク」が何かということを理解していないからだと思う。そこで、著者（卓郎）の頭のなかにある「リスク」の理解を紹介しよう。

リスクというのは、価値の変動の度合いだ。たとえば、銀行に預金したお金は、価値が変動しないから、リスクはゼロだ。一方、株式に投資すれば、その価値は毎日変動する。その変動の度合いを示す指標の1つが、**「分散」**だ。

分散というのは、**偏差（それぞれの数値と平均値の差）**を2乗し、平均を取ったものだ。と言っても分かりにくいと思うので、ある株式の価格が5年間で、次のように動いたとしよう。

1年目：1、2年目：5、3年目：2、4年目：3、5年目：4

5年間の平均価格は3となる。そこで偏差（平均値との差）を取ると、次のようになる。

1年目：－2、2年目：＋2、3年目：－1、4年目：0、5年目：＋1

それぞれの数値を2乗すると、

1年目：4、2年目：4、3年目：＋1、4年目：0、5年目：＋1

となる。これらの平均を取ると、3・3となる。これが分散だ。分散は、価格変動がない場合には、ゼロになる。たとえば、価格が次のように動いたとする。つまり、まったく価格が変わらなかった場合だ。

1年目：3、2年目：3、3年目：3、4年目：3、5年目：3

平均は、もちろん3だから、偏差（平均値との差）を取ると、次のようになる。

1年目：0、2年目：0、3年目：0、4年目：0、5年目：0

それぞれの数値を2乗すると、当然次のようになる。

1年目：0、2年目：0、3年目：0、4年目：0、5年目：0

上記の平均は、ゼロだから、分散はゼロになるのだ。つまり、分散というのは、全く価格変動がないときはゼロになり、バラつきが大きくなるほど数値が大きくなる。つまり、**分散を計測すれば、その金融商品のリスクの大きさを知ることができる**のだ。

さて、分散の平方根を標準偏差という。**標準偏差をリスクの指標として使う**こともある。もしかすると、分散より標準偏差のほうが身近な指標かもしれない。受験生になじみ深い偏差値の計算に使われているからだ。東大は偏差値75だとか、慶應は70だといった感じで、偏差値という言葉は、よく聞くだろう。偏差値は、次のように計算される。

偏差値＝50＋（自分の得点－平均点）÷標準偏差×10

成績を表すのになぜ単純な点数ではなく、偏差値を用いるのかというと、平均を50にコントロールしたいということだけでなく、試験によって点数のすごさが異なるからだ。たとえば、試験の平均点が同じ60点だったとしても、ほとんどの人が45点から55点に集中しているなかで、自分だけ１００点を取るのと、１００点を取った人はたくさんいるけれど、零点をとった人もたくさんいるのでは、１００点の持つ意味が違うのだ。もちろん、すごいのは前者の場合だ。

偏差値50の人は平均点ということだが、偏差値60は標準偏差1つ分上で、偏差値70は標準偏差2つ分、偏差値80は標準偏差3つ分上であることを示している。サンプル数が十分に多い場合は、偏差値60以上の人の割合は16％、偏差値70以上の人の割合は2・3％、偏差値80以上の人の割合は0・13％ということになっている。ちなみに、偏差値90は、滅多に目にしないが、取った人はいるようだ。ただし、それが非常に珍しいのは、偏差値90が可能なのは、高い得点を取るだけではなく、標準偏差が非常に小さい、すなわち得点が平均値の周りに集中していなければならないからだ。たとえば、平均点が60点、標準偏差が20だと、100点満点を取っても、偏差値は70にしかならないのだ。

さて、お金と関係のない話を延々としてきたのには、理由がある。それは、2つの異なる金融商品を持つと、リスクがどうなるのかを知るためには、リスクの基礎知識が必要だからだ。1つの金融商品を持ったときのリスクは、分散で表されると述べた。2つの金融商品を持つときのリスクは、共分散で表される。共分散というのは、2つの対応するデータ間での、平均からの偏差の積の平均値だ。ただ、そんな数学的な解説は、どうでもよい。大切なことは、次の公式だ。AとBという二系列のデータがあったときに、共分散は次のように表される。

共分散＝Ａの標準偏差×ＡとＢとの相関係数×Ｂの標準偏差

つまり、こういうことだ。

ＡとＢの２つの金融商品を持つリスク＝Ａのリスク×ＡとＢとの相関係数×Ｂのリスク

単純に、ＡのリスクとＢのリスクの和や積ではない。ＡとＢとの相関係数がかかるのだ。相関係数というのは、ＡとＢの価格がどの程度連動しているのかという数値で、完全に無関係であるときはゼロとなり、完全に一致しているときは１となる。つまり、複数の金融商品を持ったときのリスクは、相関係数が１の商品、つまり同じ値動きをする商品を持ったときには、まったく減らない。逆に、**相関係数が低い商品を組み合わせれば、リスクを下げることができる**のだ。

具体例で話そう。リスクを減らしたいときに、三菱ＵＦＪ銀行の株式と三井住友銀行の株式を持つことは、ほとんど意味がない。なぜなら、大手銀行の株価は連動する、すなわち相関係数が高いからだ。だから、リスクを減らすために２種類の株を持つのなら、銀行株と電力株といった、**関係のない業種の株を組み合わせないといけない**のだ。

その意味で、最悪なのが自社株を持つことだ。大手企業では、自社株を購入した社員に奨励金を出しているケースが多い。しかし、リスク回避という観点から見たら、自社株を持っては絶対にいけない。万が一、会社が経営破綻したら、会社からの給与収入が絶たれるばかりか、資産も失ってしまうからだ。実際、山一證券が自主廃業したとき、そうした目にあった社員がたくさん出たのだ。

実は、リスクの分散という意味では、**株式内での投資先分散よりも、他の金融商品との分散のほうが、効果が大きい**。たとえば、株式と債券の両方を持つことだ。株式は、どの業種でも、景気がよいと一斉に上がる傾向があるが、債券の価格は、不況のときに上がりやすい。だから株価の下落を債券価格の上昇が穴埋めしてくれるのだ。

そして、もう1つ重要なのは、投資する国を分散することだ。私は、投資先を日本だけに限るのは、危険だと思う。日本がゼロ金利だからという理由だけではない。日本のGDPの対世界シェアは、1995年の17・5%から、2016年には6・5%と、20年余りで約3分の1に激減している（拙著・角川新書『なぜ日本だけが成長できないのか』参照）。これだけの地盤沈下をしながら、投資の収益が取れるはずがないのだ。それだけではない。南海トラフ地震が日本を襲う確率は、今後30年間で最大80％と言われる。近いうちに、とてつもない大地震が日本を襲うことは、確実なのだ。

先日、地震の専門家と話していたら、とてつもない巨大地震が日本を襲うと、その直後から、日本は発展途上国に転落するだろうと言っていた。日本の株価は、巨大地震の発生とともに暴落する可能性が高いのだ。だから、投資先の分散という意味では、日本と異なる地域、つまり**日本が大地震に襲われても、揺れない地域の資産を保有しておく必要がある**。もちろん、海外に投資資産を持つと、為替《かわせ》のリスクが発生する。せっかく海外投資をしても、円高になってしまうと、円に戻したときに大きな損失が発生するのだ。ただ、為替は長い期間でみると、自《おの》ずと購買力平価に収束していくし、資産を国内だけに留め置くリスクは、いまや為替リスクよりも高くなっていると思う。

そんなことを言いながら、私は、最近に至るまで、かなりの割合の資産を国内に保有していた。それは、海外資産を買おうとすると、株にしろ債券にしろ、手数料が高かったり、手続きが面倒だったり、大きな単位でしか買えなかったからだ。

しかし、時代は変わった。たとえば、米国の国債は、日本のネット証券で、１００ドル、つまり１万１０００円単位で購入することができる。サラリーマンのおこづかいで、米国国債が買える時代がやってきているのだ。ちなみに日本の国債金利は0％だが、米国の国債金利は2％だ。リスクは高まるが、米国よりももっと金利の高い国もたくさんある。ある程度の利回りを取ろうと思ったら、リスクは避けられない。ただ、そのリスクは投資先の分散で減らせる。なるべく関係のない動きをする投資商品を上手《うま》く組み合わせる。リスクを減らすコツはそれだけだ。

第8章　我が家の金融教育（康平編・娘2人と息子1人）

■図書館でクレジットやローンの概念を学べ

本章では実際に我が家で起きたことなど、実例を基に家庭での金融教育のヒントになることを紹介していきたい。家庭での金融教育といっても何をすればいいのか分からないという多くの声に少しでも応《こた》えることができればと思う。親が見逃しているだけで、**実は家庭の日常風景の中には非常に多くの金融教育の教材が眠っている**のだ。まず、最初の実例は図書館を舞台にした出来事だ。

我が家では寝る前に絵本を読み聞かす習慣もあり、子どもたちは毎週のように図書館で本を借りてくる。都内の区立図書館なのだが、2週間までは1人10冊まで借りることができる。さすがに1人10冊ずつ借りると読み切れないので、だいたい5冊前後を借りるようにしているのだが、あるとき子どもが質問をしてきた。「もし2週間経っても図書館に本を返さなかったらどうなるの？」と。

実際に図書館に問い合わせてはいないものの、区立図書館なので延滞金をとられることも、利用禁止になることもないとは思ったのだが、期限を守ることを意識させようと思い、「約束を守れなかったら、もう本は貸してもらえなくなっちゃうんじゃない？」と答えた。

子どもは納得したようで、今日にいたるまで、毎回ちゃんと読み切れる分だけを借りて、しっかりと期限前に返している。

また、ある日、こんなことがあった。長女は少し潔癖症なところもあり、本が破れていたり、汚れていたりすると気になるようだが、図書館で貸し出されている子ども向けの本のため、そのような本ばかりであって、新品のように綺麗《きれい》な本のほうが珍しい。

そこで、長女に聞いてみた。「もし、自分が貸した本が破られたり、汚されたりして返されたらどう思う？」と。すると、長女は「そんなの嫌だ。もう絶対に貸してあげない」と言う。「それじゃあ、いついつまでに返してって約束したのに、いつまで経っても返してくれなかったらどう思う？」。すると、「それも嫌だ。約束は守ってほしいし、守ってくれないなら貸したくない」と答えた。

「そうだよね。汚したり、約束を守ってくれない人には貸してあげたくなくなるよね。だから、図書館で本を借りたら、丁寧に扱って、ちゃんと期限前に返そうね」と言って会話は終わった。

ただの指導であって、全然金融教育じゃないと思われるかもしれないが、未就学児にとっては十分な金融教育になっていると考える。なぜなら、この会話の中で子どもが理解した内容は、まさに銀行融資やローン、そして昨今FinTech文脈の中で語られる**クレジットスコアリング**の考え方そのものだからだ。

期限までに返済しないと次からは貸してもらえなくなる。仮に期限内に返したとしても、返済の質が悪いと、やはり同様に次からは貸してもらえなくなるかもしれない。たまたま貸借の対象が本であったというだけで、これをお金に換えてしまえば、まさにクレジットやローンの概念そのものなのだ。

■子どもが宝物箱を作り始めたらポートフォリオの概念を教えるチャンス

著者（康平）が家庭の日常風景の中に金融教育の教材が眠っていると言う理由は分かっていただけただろうか。大人でも難しく感じるような投資理論についても、実は家庭の中の出来事を使って上手《うま》く教えることができる。

我が家の子どもはいくつかの宝物を持っている。私も全てを把握しているわけではないが、公園で拾ってきたどんぐり、BB弾、幼稚園で作った面子《めんこ》など、種類はさまざまなようだ。どんぐりは放っておくと虫がわくかもしれないし、BB弾は道路で拾ってきているため汚いのと、一番下の子が誤飲してしまうかもしれないので、玄関の下駄箱にしまうように言っている。面子はきれいなので、リビングのおもちゃ箱にしまうなど、宝物はものによって、それぞれ収納場所を指定されている。

しかし、子どもからすると、宝物は1つの場所にまとめておきたいようだ。そのように思う明確な理由はよく分からないが、著者（康平）も似たような経験があるため、その気持ちは痛いほど理解できる。狭い家の中とはいえ、いちいち宝物を取りに行ったり来たりするのが面倒なのかもしれない。そこで、子どもは時折バレないように、宝物を入れるカバンにまとめて収納している。

ある日、子どもが泣いていた。その理由を聞くと、どうやら宝物を入れていたカバンをなくしてしまったということのようだ。「一緒に探してあげるから」と励ましつつも、私の脳裏にはこのイベントも金融教育の教材になるなという想いがよぎっていた。

投資の世界には昔から言い伝えられている格言がある。第3章でも紹介したが、**「1つのカゴに全ての卵を盛るな」**という格言だ。これは1つのカゴに全ての卵を入れて持ち運ぶと、仮に途中で転んでしまえば全ての卵が割れてしまうが、いくつかのカゴに分けて持ち運べば、仮に1つのカゴを落としてしまったとしても、他のカゴは影響を受けないで済むというものだ。

これを投資に置き換えれば、投資可能資産の全てをA社の株式に投資した場合、A社の社運に全てを預けることになってしまう。仮にA社が倒産すれば、投資した投資可能資産の全ては消えてしまう。しかし、仮にA～E社の5社の株式に20％ずつ投資していれば、仮にA社が倒産したとしても、投資可能資産の20％は消えてしまうかもしれないが、80％は消えずに済む。つまり、誰にも将来を正確に予測することができない以上、投資対象を分散して全体のリスクを低減させようということだ。これを投資の世界では**「ポートフォリオ効果」**という。

さて、子どもの話に戻ろう。「しっかりと言われた通りに別々の場所に片づけておけば、一気に宝物をなくさなくてすんだでしょ？」と一応注意はしたのだが、まさに1カ所にまとめて片づけたがゆえに、同時に全ての宝物をなくすという、ポートフォリオ効果を実感するには最高の失敗をしたのだ。それ以降、子どもはしっかりと別々の場所に片づけるようになった。もちろん、たまに相変わらず1カ所に片づけていることもあるが。

後日談ではあるが、無事に子どもの宝物を入れていたカバンは家の片隅で発見された。

■おままごとの世界で起きた金融危機

我が家の子どもと街中を歩いていて、知っている店の看板を目にするとその店の名前を言う。「セブン‐イレブン。コンビニ」といった具合だ。ある日、銀行の看板を見つけたものの、まだ銀行というものを教えていなかったので、なんのお店か分からず質問をしてきた。「何を売っているの？」と聞かれたので、「お金を預けるところだよ」と教えたが、なぜ自分たちはおこづかいを豚の貯金箱に貯めているのに、わざわざ銀行という家の外に預けるのか不思議だったようだ。そこで、「銀行に預けておくと、少しだけ増えていくんだよ」と教えてあげた。

それから何日かして、いつものように長女と次女が家でおままごとを始めた。普段のおままごとではどちらかがお店役、どちらかがお客役になり、おもちゃのお金で買い物を数回して、役割を交替する。しかし、今回は少し様子が違う。お客役が全てお金を使わずに、少し余らせている。「どうして使わないの？」と聞くと、これは銀行に預けているのだと言う。預けていると増えると教えたのが、よほど魅力的に感じたのかもしれない。その後も何回か役割を順番に交替していたのだが、そのうちにお互いが一部のお金を使わないで貯めていたせいで、おままごとに使うお金が無くなってしまった。そこで、私が別のところからおもちゃのお金を持ってきて渡し、再びおままごとは開始された。

この状況からは非常に多くのことを学ぶことができる。まず、経済学でいうところの**「合成の誤謬《ごびゅう》」**についてだ。銀行に預けるという子どもたちのとった行動は正しい行動だ。無駄遣いはしちゃダメだよと多くの親が子どもたちに話をするように、しっかりと所持金の一部を貯蓄したわけだ。しかし、おままごとの世界全体で見れば、それぞれが所持金の一部を少しずつ貯蓄に回してしまったことで、出回るお金の量が徐々に減っていき、結果的にはおままごとという経済活動が止まってしまった。**個人というミクロの視点でみれば正しい行動が、社会全体というマクロの視点でみれば望ましくない結果を招いてしまう**という事象が起きた。これを合成の誤謬という。

そして、2人がお金を貯蓄し続けたことで、おままごとが終わってしまったときに、著者（康平）が新たにお金を追加投入して、再びおままごとが開始されたこと。これは、不況になったときに**中央銀行が市場に資金を供給し景気を活性化させる金融政策**と近しいと考えられる。経済にとってお金は血液のようなものなので、当然血液の循環が止まってしまえば経済は死んでしまう。そこで、私が輸血という形で新たに資金を追加投入して、再び経済を活性化させたことになる。

合成の誤謬や中央銀行による金融緩和など、著者（康平）は大学の授業で習った内容だ。それを未就学の子どもたちが日常生活の中で意図せず実践しているのだ。子どもにはこれは難しい、などと大人は子どもの限界を勝手に決めているが、その必要はない。誤謬や緩和という難しい言葉は理解できないかもしれないが、幼少期はニュアンスを感覚的につかませておくだけでいい。言葉は語彙《ごい》力が上がったころに教えればいいだろう。

■「我慢しなさい！」ではなく、我慢する目的を教えよ

おこづかいやお年玉を渡すときに、親はつい「無駄遣いしちゃダメだよ」と言ってしまう。それ自体は全く問題ないと思うが、あまりにもうるさく言い続けてはいけない。手元にお金があると欲しいものを買いたくなってしまうのはまだしも、スーパーやデパートに行ったときに、欲しくもないお菓子やおもちゃを衝動買いしてしまいたくなるのが子どもなので、たしかに親としては無駄遣いはダメだよと言いたくなってしまう気持ちは分かる。

しかし、あまりにもうるさく言うと、お金をもらったら使わずに貯めなくてはいけない

という思考停止状態に追い込んでしまいかねない。ただでさえ、無意識のうちに貯蓄をしがちな日本人なのだから、そこに追い打ちをかけるのはよろしくない。親もある意味で思考停止していて、とりあえずお金を渡す時に「無駄遣いしちゃダメだよ」と言っているだけになってしまっているのかもしれない。

著者（康平）は常々、**金融教育は経済学と会計がベースになるべき**だと主張し続けているが、経済学の1つのテーマに、限られた予算の中で満足度を如何《いか》に最大化するかというものがある。おこづかいや貯蓄という自らの資産のなかで、いかにうまくやりくりをして満足度を最大化するかがポイントだと考えると、お金をもらった瞬間に使うことが最適解になる可能性もあるのだ。

もう少しこの部分を細かく説明しよう。いま既にいくらかの貯蓄と定期的にもらえるおこづかいがあるとする。この**ストックとフロー**を意識したうえで、自分の欲しいもののリストを並べて見比べてみる。そうすると、既に現時点の貯蓄で買えるものもあれば、あと数カ月おこづかいを貯めれば買えるものもあるだろう。そして、そこで現れるいくつかの選択肢の中から、自分にとって最も満足度が高い選択をすればよい。

もし仮に、もらった瞬間に使えば最も満足度が大きいのであれば、すぐに使ってしまうのが正解で、貯蓄に回すことは間違いということになる。そうすると、親の「無駄遣いせずに貯蓄しなさい」という指導は間違っていることになってしまう。そのような事態を招かないためにも、常に貯蓄がどれぐらいあるのか、今は何が欲しいのかなどを一緒に確認し続けたほうがいい。我が家では新聞を取っているため、いまでも紙の広告を目にする機会があるのだが、近所のスーパーの広告がよく入っているため、一緒に見ながら、新しく発売されたお菓子などを見つつ、いまなら貯蓄でこれが買えるね、などの話もしている。

もう１つ子どもには感覚的に教えたほうがいいことがある。それは**「必要」だから買う**のか、**「欲しい」から買う**のかということだ。つい何かを欲しくなると、すぐに買うという行動に繋《つな》げがちなのだが、そこにワンクッションを置いて、「必要」なのか「欲しい」のかを考える癖をつけてあげたほうがいい。必要なのであれば、買わないという選択肢はないし、事情によっては親に買ってくれと交渉するのも手だろう。しかし、欲しいだけなのであれば、本当にいま買うべきなのかということを、自身の貯蓄とおこづかいという定期収入を考えながら判断をするべきなのだ。

■フリーマーケットで会計の知識を身に付ける

著者（康平）の実家の近くには大きな公園があり、毎月、大規模なフリーマーケットが開催されている。もちろんモノが安く買えることは大きな魅力の1つに間違いはないのだが、懐かしいものや面白いものが陳列されていて、それを見て回るのもフリーマーケットの楽しさの1つであると考えている。しかし、子どもたちには違う魅力が見えたようだ。

子どもが何人もいるとどうしても家の中がおもちゃで溢《あふ》れてくる。しかし、子どもの興味の対象は非常に短いスパンで移り変わるため、そのうちのほとんどがもう遊ばれることもなく、おもちゃ箱の底の方に追いやられていく。そして、ある一定量を超えてくると捨てることになるのだが、フリーマーケットではいらなくなったものを売って、また新たにお金を得ている。これが子どもには非常に魅力的に映ったらしい。**現代の錬金術**にも思えたのかもしれない。また、普段家でやっているおままごとを、実際のお金を使って、本当のお客さんを相手にできるのが楽しいと思ったのかもしれない。

私はもう少し子どもが成長したら、実際にフリーマーケットで商売をやらせてみようと考えている。なぜなら、超小規模ながらも、**実際の商業活動を通じて、会計の知識を感覚**

的に身に付けることができると考えているからだ。

実は、大人でも会計の知識がある人はそれほどいない。会計の知識がなくても問題ない職種の人のほうが世の中には多いことは十分に理解しているが、子どもの将来を考えれば、間違いなく会計の知識を感覚的に身に付けさせておいたほうがいいだろう。

私は複数のベンチャー企業のＣＦＯも兼務している関係もあり、よく経営者や起業を目指す学生の集まる懇親会に呼ばれていくことがあるが、だいたい見かける光景の１つが自社の売上高はこれぐらいだという話をしている場面だ。ある意味、今風に言えば**マウンティング**というか、自慢合戦なのかもしれない。それを見て、学生たちが目を輝かせているのだが、**売上高だけを見て会社を判断するのは非常に危険だ**。ビジネスの規模を見るのにはいいかもしれないが、ただそれだけでしかない。**重要なのは利益だ**。

企業の業績を見るには**財務諸表**という数種類の書類を見ればよい。もし株式投資をしようと思っているのなら、上場企業であれば自社のホームページに財務諸表を公開しているので、実際に読んでみて分析するのもいいだろう。財務諸表にはいくつか種類があるが、最もポピュラーなのは**損益計算書**と呼ばれるものだ。ここでは細かい説明はしないが、簡単に言えば、**企業の１年間の成績表（業績表）**だ。いくら売上高があって、その売上高をあげるために、いくらコストをかけたのか。そして、売上からコストを引いて残った利益はいくらなのか。このようなことが細かく記載されている書類だ。

実際に子どもがフリーマーケットを体験することで、少しいびつではあるが、頭の中で感覚として損益計算書を作成することができるようになるだろう。たとえば、500円で買ったおもちゃが200円で売れたとする。売上高は200円。費用は買い値の500円。そうすると利益はマイナス300円となるが、本来であれば捨てていたものだったわけだから、200円儲《もう》かったような気持ちにはなれるだろう。このように、何かを仕入れて、その値段に上乗せをして売れば利益が出るという感覚を身に付けさせるにはちょうど良い機会になるだろう。おままごとのリアル版として、子どもと一緒にフリーマーケットの出店側になってみるのも検討してみてはどうだろうか。

■お年玉やおこづかいはどうすればいい？

お年玉やおこづかいをあげている家庭では、子どもにお金をあげたあと、そのお金はどのように管理されているだろうか。完全に子どもが管理しているか、それともあげたあと

図表16　自分の貯金の有無

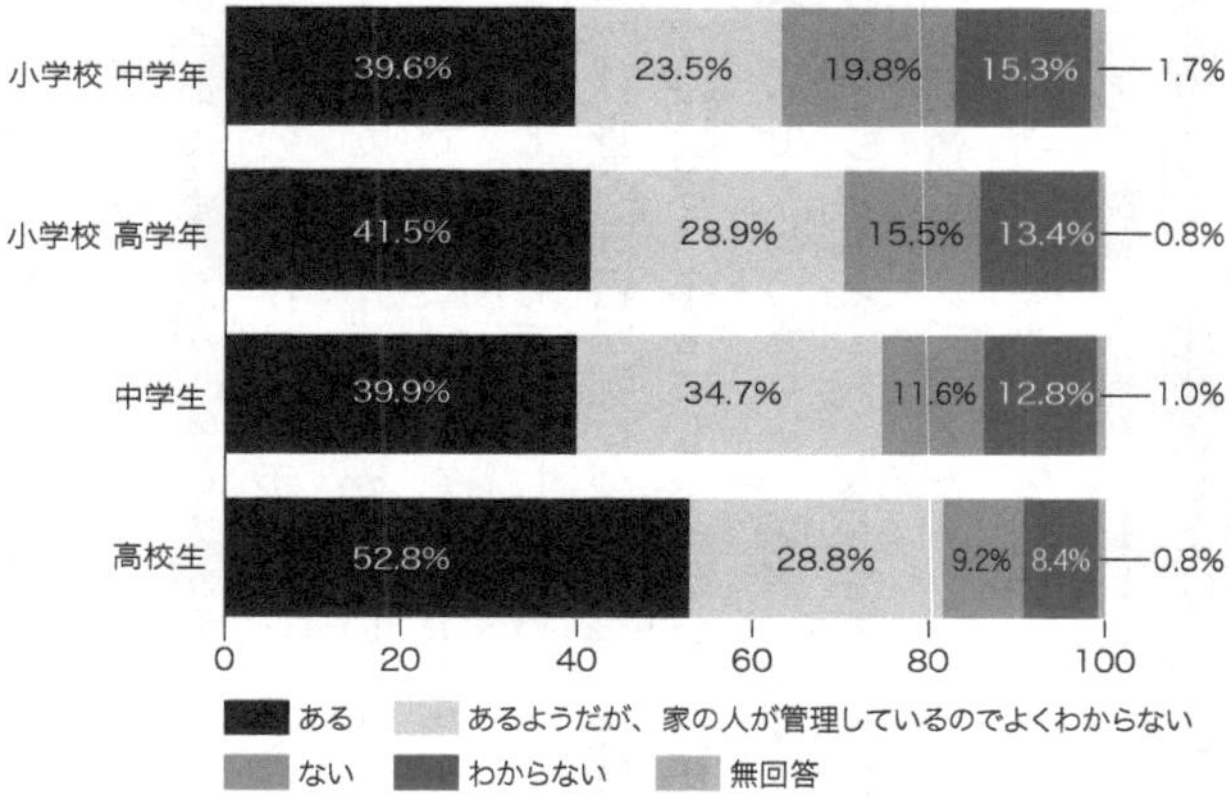

（出所）：金融広報中央委員会『子どものくらしとお金に関する調査（第３回）2015年度』のデータを基に株式会社マネネ作成。

に親が回収して管理しているか。子どものお金の管理方法は家庭によってさまざまであり、こうあるべきという正解は1つではないが、著者（康平）はなるべく子どもに管理させたいと思っている。

ちなみに、我が家では既に述べたように、毎月2回あげているおこづかいは各自の豚の貯金箱に貯められていく。しかし、お年玉や誕生日、その他の記念日で紙幣をもらった場合は、それを子どもの銀行口座に預け入れている。

それでは、その他の家庭ではどのようになっているのだろうか。金融広報中央委員会が発表している『子どものくらしとお金に関する調査（第3回）２０１５年度』によれば、小学校中学年だと63・1％、小学校高学年だと70・4％の子どもが貯蓄は「ある」または「あるようだ」と回答している。しかし、そのうちのそれぞれ23・5％、28・9％が貯蓄は「あるようだが、家の人が管理しているのでよくわからない」と回答している。図表16をみていただければ分かる通り、それぞれ15・3％、13・4％の子どもは、そもそも貯蓄があるかどうかも「わからない」と回答している。このデータから分かるのは、ほとんどの家庭ではおこづかいやお年玉を与えてはいるものの、ほとんどの子どもが自分の意志で管理をしておらず、親に言われるから貯めているか、そもそも親が管理してしまっているので自身の貯蓄状況について全く理解していないということが言えるということだ。

この状態は非常にもったいない。せっかくお金をあげているのであれば、しっかりと管理をさせたほうがいい。著者（康平）が子どもの頃は手書きしか方法がなかったが、いまの子どもはインターネットやスマホアプリなどを活用すれば、かなり効率的に精度高く自身の貯蓄管理ができるだろう。

仮に著者（康平）の家庭のように、紙幣は銀行に預け入れ、硬貨は貯金箱で管理させるとするならば、預金先の銀行はオンラインバンク機能のある口座がよいだろう。そして、家計簿アプリと連携させたほうがよい。そこに、手入力で貯金箱に入っている金額を追加入力すれば、家計簿アプリ内で銀行口座と貯金箱の中に入っている金額が一目で分かる。そして、買い物をするたびに金額を入力していけば、使いすぎているか、自分の消費癖がどのようなものかなど、少しずつ把握できるようになるだろう。

■現金主義にこだわる理由

日本でも**キャッシュレス社会**に少しずつ向かおうとする気運が高まっている。各社がQRコード決済を展開し、莫大《ばくだい》な広告費をかけてキャッシュバックキャンペーンをしたり、テレビCMを大々的に打ったりしている。また、宮城の仙台《せんだい》にある「楽天生命パーク宮城」は、プロ野球の2019年シーズンから完全キャッシュレス化をしたことも話題になった。スタジアム内では、現金で買い物ができず、電子マネーやスマホ決済、そしてクレジットカードでの買い物だけが可能になっているという。

このような環境下、最近ではおこづかいやお年玉を電子マネーであげるという家庭もあるようだ。そんな話を今風だなと聞く一方で、それでも現金であげたいなと思ってしまう著者（康平）は古臭い考えの持ち主なのだろうか。著者（康平）が、なぜそこまで現金主義にこだわるのかというと、いくつかの経験があるからだ。ここでは2つのエピソードを紹介したいと思う。

これは著者（康平）の知人の家での話だ。比較的、外食に行く機会が多い家庭なのだが、ある日子どもを「食べ放題」の店に連れて行ったという。そこで、「今日は食べ放題だから好きなものを頼んでいいよ」と伝えたところ、「食べ放題ってなに？」と聞き返されたという。好きなものを好きなだけ食べていいと言葉の意味を伝えたところ、「だったら、いつも食べ放題に連れてきてくれたんじゃないの？」と答えたという。

たしかに、食べ放題ではなくても、メニューを見て自分が食べたいものを言えば全て頼んでもらえていたわけだから、食べ放題と通常の場合の違いは分からなくても当然だろう。やはり、何を頼むとどれぐらいお金を使うのか、実際に財布の中からお金が減っていくのを実感したほうが分かりやすいだろう。これは大人にもいえることだ。実際にレジに商品を持って行って、財布からお金を出して支払うと自分がどれくらい使ったという実感が湧いてくるが、ネットショッピングでただ商品を選んでカートに入れ、決済ボタンを押すだけだと、あまりお金を使っている実感もなく、ついつい必要でもないものまで買ってしまったという経験はないだろうか。

次に紹介するエピソードは我が家の話だ。これまで何度か紹介してきたように、我が家では子どもたちがおこづかいを現金で手渡しされるたびに、その場で各自の豚の貯金箱に硬貨を入れていく。ある日、貯金箱の中にある程度のお金が貯まったので、子どもが貯金箱を持ち上げた。その時、すごく重くなったと喜んでいたのが非常に印象的であった。

そして、今度は貯金箱の中からいくらかお金を出して使った後、また貯金箱を持ったときに、少し軽くなっちゃったと言っていた。現金の良さは実際に使うということを触覚で理解できるところにある。もちろん、絶対に現金主義でなくてはいけないということではない。現金も電子通貨も両方使ってもいい。しかし、**極力現金に触れる機会は用意してあげてほしい。**

■子どもをなめるな！　子どもは本質を見抜いている

大人が子どもに何かを教えようとするとき、多くの場合は子どもにはこれは難しい、子どもにこれを教えるのはまだ早いと、勝手に制限を設けてしまう。特に大人が勝手に制限を設けてしまう分野の１つが、やはりお金の話だ。しかし、実際には子どもはかなり幼い頃から、親をはじめとする大人の世界を眺めながら、いろいろと理解している。語彙力が足りない分、うまく説明ができないだけで、本質的な部分は感覚的には十分に理解していると考えてよいだろう。

思い返せば、著者（康平）が小学生の頃は今以上にお金の話を人前でするのは卑しいというような風潮があった。そのような時代なので、自分の親の年収も貯蓄額も知らないし、ましてや他の同級生の親の年収や貯蓄などは知る由もなかった。しかし、なぜかどの家庭が比較的に裕福で、どの家庭が貧しいかなどはなんとなく理解していた気がする。友人の家に遊びに行ったときに、家の内装や車の種類、持っているゲームの数など、さまざまな要因からなんとなく察していたのかもしれない。もちろん、それを口に出すことはなかったが、自分に限らず周りの友人は皆、なんとなく同じように理解していた記憶がある。

このように**子どもは放っておいても何事も勝手に学んでいく**訳だが、１つ気を付けなければいけないことがある。それは、**子どもは周りの環境の中で学んでいく**ということだ。つまり、誤った知識を教えたり、偏った知識が刷り込まれたりするような環境においてしまうと、せっかく自然に学んでいっても、結果として正しい知識を持たずに育ってしまう。そうであれば、しっかりと親がある程度は正しい知識を身に付けられるように多少は手伝いをしてあげるべきだろう。

金融教育に限らずだが、親が子どもに何かを教えるときのポイントはいくつかある。まず1つは**絶対に強制しない**ことだ。子どもが興味を持っていないのに無理強いしても、むしろアレルギー反応を起こすだけになりかねない。最悪のケースではそのこと自体を嫌いにすらなってしまいかねないからだ。

2つ目は**興味を持つ環境を作ってあげる**ことだ。強制をしてはいけないが、なるべく興味を持てるように、じっくりと時間をかけて、なるべくいろいろな機会を準備してあげるべきだろう。ここで気を付けなければいけないのは、興味を持つような環境を作ったとしても、**基本的に子どもは期待に応えないという感覚でいること**だ。必ず興味を持ってくれるという期待をして、そのような環境を作ってしまうと、子どもが期待通りの動きをしなかったときに、親が抱く感情が子どもに影響しかねない。よって、子どもが期待通りに興味を持ってくれる確率は数％ぐらいの気持ちでいることが大事だ。

そして、3つ目は**子どもが興味を持ったときは全力で応援する**ことだ。しかし、一方で、嬉《うれ》しさのあまり手取り足取り教えてはいけない。あくまで主役は子どもであり、親は側方支援に徹しなければいけない。

著者（康平）が経済学や投資に興味を持ったとき、父親はスタンダードな経済学の分厚い教科書を渡して自分で読むように言うだけだったり、最も手数料の安い証券会社を教えてくれるだけだったりした。興味を持ってからは必要最低限のことだけを教えてくれたことについて、当時は「もっと教えてくれてもいいのに」と思ったが、今となっては、当時自分なりに調べつくしたことがいまに活《い》きていると感じている。

■財布がパンパンの男を気持ち悪いと言うな！

お金を増やすというと、いくつか手法を思いつくかもしれない。現職で頑張って役職を上げて給与を上げてもらったり、転職してさらに給与の高い職についたり、副業（複業）をして収入源を増やしたりする。または、自己投資をして資格を取って、さらに給与を上げたり、資産運用をしてお金に働いてもらってさらにお金を増やしたりするなど、これまでに紹介してきたことを思い出してほしい。または、これも既に述べた話だが、お金の知識を身に付けて、詐欺被害にあって減らさないようにすることも重要だろう。

しかし、もう1つ方法はある。増やすとは直接的に関係はないが、**本来は使うはずだっ**

た金額を減らすという方法だ。具体的にいえば、クーポンやポイントの活用だ。新聞広告にもクーポンがついていることもあれば、最近ではメルマガに登録したり、ニュースアプリをダウンロードしたりすれば、そこにファミレスなどのクーポンがついていることがある。また、無料でカードを作ることで、買い物金額に応じてポイントが貯まり、ある一定以上のポイントになると現金と同様に使えるようになる。

その程度だとたいした金額にならないと思われるかもしれないが、そんなときは**実数ではなくパーセントで考えるべき**だ。著者（康平）はよくファミレスで原稿を書いているが、よく使うクーポンだと、ものによっては４割近く割り引かれるクーポンもある。パーセントに直せば40％オフだ。本来支払わなければいけなかった金額のうちの、たった60％を払えばいいだけなのだから、40％も得をしたことになる。実数で考えると数百円の得かもしれないが、**パーセントで考えると恐ろしいほどのリターン**だ。仮に毎年40％のリターンをあげられる運用の手腕があったとすれば、一生食うことに困ることはないだろう。それほど、40％というリターンは本来は考えにくいほどの数字なのだ。

実はこのような**小さいことの積み重ねが、長期間でみると大きな差を生む**ことになる。しかし、クーポンやポイントについて日本人が抱く感想は両極端に分かれている印象を受ける。クーポンやポイントを有効活用することが好きな人は、とにかく異常な程にハマっているが、それとは逆に、クーポンやポイントを使うとダサい、格好悪いと思っている人もまた多い。

著者（康平）が知人の男女数名でご飯を食べているときに、まさにこの話になったことがある。私はお得になるのであれば、迷わずクーポンもポイントも使うし、貯めるタイプだ。そのため、私の財布は常にパンパンに膨らんでいる。しかし、私以外の男性は基本的にはクーポンも使わないし、ポイントも貯めないということだった。特に女性とご飯に行ったら絶対に会計時にクーポンを使うことはできないという。その場にいた女性たちからも、もし男性が注文時や会計時にクーポンを使ったら、「クーポンがあったから、この店を選んだのか」と思ってしまうと否定的なコメントが多かった。

どうも若い人にはこういうことがダサいと思われがちなようだが、私の娘たちには財布がパンパンに膨らんでいる男性を格好悪いとは思わないように育ってほしいと思う。

ちなみに、父親から金融教育を受けたことはないと書いてきたが、クーポンやポイントが好きなのは父親の影響が大きいかもしれない。父親も昔から財布がパンパンに膨らんでいた。もちろん、それは札束が入っているからではなくて、ポイントカードやクーポンが大量に入っていたからだ。当時はスマホもなく、全て紙として保管しておかなければいけなかったので、とてつもない量のカードが入っていた記憶がある。

先日、父親から夕飯に誘われたが、著者（康平）が原稿の締め切りに追われていたため断ったところ、珍しくグチグチ言ってきた。なんで、今回はそこまでグチグチ言うのかと不思議に思っていたが、後日その理由が判明した。どうやら、その日に食べに行かないとクーポンの期限が切れてしまうという理由だったようだ。急ぎで話したいことがあるのかと少し気を遣った自分が馬鹿らしくなってしまった。

■最高の教材は親が楽しむ姿

これまでに子どもへの金融教育は家庭で十分できるということや、その教材は家庭の日常風景の中に大量に眠っているということを書いてきた。この話をしても、「それは金融や経済を知っている康平さんだからできるんですよ」と言われることが多い。必ずしもそうとは思わないものの、なにも知識がない中で、日常生活から金融教育の教材になり得る題材を見逃さずに拾い上げるのは、たしかに難しいかもしれない。

しかし、子どもにとっての最高の金融教育の教材は、どの親もすぐに用意できると考えている。なぜなら、**最高の教材は「親が楽しむ姿」**だからだ。

著者（康平）は釣りが趣味の1つなのだが、釣りは朝早くから行くため、前日の夜に準備をする。私は部屋で淡々と準備をしているだけなのだが、どうやら子どもたちには私が非常にワクワクしながら、楽しそうに準備をしているように見えるらしい。釣りといってもいろいろな種類があり、それに応じて釣り具も変わってくるのだが、著者（康平）が好きな釣りの手法の1つにルアー（疑似餌《ぎじえ》）釣りがある。子どもたちは釣りに興味はないが、ルアーはキラキラ光っていて、おもちゃにしか見えないため、ルアー自体には興味があるようだ。

天候や気温、季節や風速など、さまざまな自然条件によってルアーは変えていかなければならないため、釣りに興味がない人からすれば、なんでそんなに大量のルアーを持っているのかと思われるかもしれない。我が子も例外なく、大量のルアーに目がいくようで、「なんでお父さんはそんなにルアーを買えるの？」と聞いてきたことがある。そのときに、「お父さんは仕事をしてお金を稼いで、まずお家《うち》のお金や水道代などを払って、みんなの習い事のお金も払って、残ったお金の一部を貯蓄して、残った分で趣味のものを買うんだよ」と説明した。自分たちのおこづかいや貯蓄だとこんなにいっぱいものを買えないと言ったあとに、大人になったらもっと好きなものが買えると将来を楽しみにしているようだった。

働いてお金を稼いでいること。そのお金で家族を養っていること。また、そのお金を自分の好きなことにも使っていること。全てをそのまま子どもに話す。そして、お金を使って楽しそうにしている自分も見せる。そのことこそが、最高の金融教育になるだろう。

これまでの日本はお金のことをあからさまにせずひた隠しにしてきた。人前でお金のことを話す人は卑しい。労働以外でお金を稼ぐ人は汚い。投資は危ない。これらのネガティブなイメージが先行することで、生まれてから大人になるまで、お金の知識を正しく身に付ける環境に恵まれず、結果的にお金のことで失敗をする人が増え、潜在的に刷り込まれてしまっていたお金へのネガティブなイメージが、イメージから実際の体験談に昇華してしまっていた。本書がきっかけとなり、日本でもお金についてオープンに話し合われる環境が整備され、幼少期から金融教育を誰もが受けられる環境や制度が整備されるようになることを願っている。

エピローグ――親子ゼニ問答（親子対談）

康平　２０１８年の6月に日本でも子ども向けの金融教育を普及させたいと思って起業したけど、日本では大人がそもそも金融の教育を受けていないということで、大人向けの勉強会のニーズが高かったんだよね。だから、いままでは親子同席で勉強会をさせてもらったり、大人だけのセミナーで喋《しゃべ》らせてもらったりすることも多くなってきた。自分が金融教育領域に入ったからなのかもしれないけど、明らかに日本でも金融教育の重要性は意識され始めたし、実際に金融教育事業やイベントを企てる企業や人が増えた気がする。

卓郎　子どもへの金融教育自体は、必要だと思うよ。だけど、今行われている金融教育の全てが正しいとは思わない。証券会社がスポンサーになって、子どもに株式投資の練習をさせるのはどうかなと思うし、元・村上ファンドの代表だった村上世彰さんが、自らの財団から１人あたり最大10万円を子どもに与えて、投資を経験させるという取り組みをしている。角川ドワンゴ学園が運営する通信制高校のN高でも投資部を設立して、村上さんが特別顧問に就任した。そこでも自らの財団から１人あたり20万円を子どもに与えて株式投資を体験させるという。

康平　いい取り組みだと思うけど、そんなにダメなことかな？

卓郎　損失は財団側が受け入れるから、子どもはノーリスクなわけだよ。そうすると、どうやって一攫《いっかく》千金を狙うかという話になっちゃう。だって、損したって自分は痛まないわけだからね。そんな形で投資に触れさせたら、お金の亡者になってしまう。

康平　でも、日本では株式投資に触れる機会なんて、普通に生活していたらないわけだし、それが日米欧の家計の金融資産における株式保有率の差にも表れているじゃない。これがきっかけで社会の仕組みとか、企業がどうやって売上を伸ばして、利益を出していくのかっていうビジネスについて子どもが積極的に学ぶようになるのであれば、1つの金融教育の方法だと思ったんだけどね。

卓郎　そもそも、お金にお金を稼がせようという思想自体がダメなんだよ。村上さんは「会社は株主のもの」というのが基本的な考え。それは法律的には間違っていないけど、会社は従業員や地域社会や消費者のためのものであって、金儲《かねもう》けの道具じゃないの。村上さんが乗っ取りに加担したニッポン放送の買収騒動のときだって、株主構造がどうとか言っていたけど、ホリエモンの本当の目的はニッポン放送を踏み台にして、フジテレビの経営権を奪うことだった。村上さんはそこに乗っかって、カネを稼いだんだ。そもそもラジオは、誰のためのものかを考えたら、番組を作っているスタッフのものであるし、そして何よりも番組を聴いてくれるリスナーのためのもの。それを金儲けの道具にしたうえに、大きく傷つけたのは許せないんだ。

康平　投資の手法として、割安なものに投資をするのは普通でしょ。経営陣が株主軽視の姿勢を取って、その結果として投資家から見放されて、純資産価格以下の時価総額がついている企業があるんだったら、その企業の株式を買って、ＭＢＯ（マネジメント・バイアウト、経営陣による買収）や自社株買いを迫るのは十分理にかなっている行為だと思うんだよね。

それ以外にも、多くの日本の上場企業が過剰なまでに内部留保を積み上げている。これまでに数々の不況を経験しているから、その気持ちは分かるけど、株主からしたらもっとその資金を有効活用すべきという意見はごもっとも。そもそも、米国と日本では株主に対する意識が違いすぎる。米国なんて、自社株買いによる株価上昇寄与が日本とは比較にならないほど高い。

そもそも株式会社なんだから、経営と所有は分離されているわけで、株主からみて経営陣がおかしいのであれば、それを指摘すべきでしょ。さらにいえば、株式を公開して証券取引所に上場するということは、誰でもその会社の株主になれるということなんだから、この人が株主になるのはいいけど、この人はダメというのもおかしい。それが嫌なら、上場なんてしなければいい。上場しているだけで、何千万円もコストがかかるんだから。

卓郎　それはそうだけど、やっぱりお金は労働の対価として受け取るべきなんだよ。最近はマルクス経済学を教える大学はほとんどないけど、自分が大学生の時は必修科目だったんだ。マルクス経済学の肝は「労働価値説」。つまり、付加価値は、労働者が一生懸命努力して、額に汗して働くことで生まれるということ。このマルクス経済学の理念は、いまでもまったく揺らいでいないと思うよ。

康平　マルクス経済学を教える大学がほとんどなくなったという現実が全てを物語っているんじゃないの？　労働によってお金を稼ぐということには賛成で、それが基本だと思う。でも、働き方改革とかいって、手取りの給料が下がってしまった人も多い。一方で、年金はこれまで通りはもらえないかもしれないし、退職金なんてものはもはや幻なのかもしれないと思っている今の現役世代にとっては、労働による収益機会が制限されてしまった以上、労働以外の方法でもお金を稼ぐことを考えずにはいられないんだよ。そうなったとき、資産運用は1つの解になると思うんだよね。何も仕事をやめて、専業トレーダーになりましょうという話をしている訳ではない。

卓郎　今、国債の金利はゼロになっている。つまり、お金はお金を基本的に生まなくなっている。そういう時代にお金を増やそうとすると、どうしても博打《ばくち》と詐欺と泥棒をやろうという考えに傾いてしまう。特に、子どもにそうした思想を植え付けては絶対にいけない。子どもに金融教育をしないといけないと思う理由は、せっかく汗水を垂らして稼いで働いて得たお金を騙《だま》し取られないようにするためなんだ。世の中には、庶民を騙して稼ごうとする人たちがたくさんいる。投資詐欺、悪質商法といった違法行為だけでなく、仮想通貨だとかオフショアだとか、世の中には、お金を奪い取られる罠《わな》がたくさん潜んでいる。だから、そうしたものに引っかからないように、きちんと金融の基礎知識を教えないといけないんだ。

康平　かなり偏った考えな気がする。どれだけ悪い人たちを見てきたんだ……。たしかに、お金の集まるところには悪い人たちも集まるから、お金を増やすという、攻撃力を高める意味での金融教育だけじゃなくて、詐欺に引っかからないなどの防御力を高めるための金融教育が必要になるという考え方には完全に同意する。

卓郎　今まで話したことはなかったと思うんだけど、お父さんの家は、小学校時代までは、とても貧乏で、都営住宅に住んでいた。康平のおじいさんは新聞記者をしていて、それほど給料が安かったわけではなかったそうだけれど、おそらく米国に留学したときの費用で借金をしたんだと思う。家計に余裕はまったくなくて、母、つまり康平のおばあさんは、ぜいたくを絶対に許さなかった。外食はほとんどしなかったし、服から、漬物から、何でも手作りしていた。モノも捨てなかった。一番驚いたのは、お父さんが大人になってから知り合いになったデザイナーから「研究の素材にしたいので百貨店などの包装紙が欲しい」と頼まれたときだった。母なら持っているかと思って聞いたら、出てくるわ、出てくるわ。20年分くらいの包装紙が出てきた。丁寧に畳んで、全部とっていたのだよ。

ただし、お金を絶対に使わないということではなかった。本が欲しいと言ったら、いくらでも買ってくれたし、小学生のときに、どうしてもプロが使うような高価な補虫網が欲しいと言ったら、黙って買ってくれた。ところが、買ってもらった初日に、トンボ捕りに出かけた近所の公園で、その補虫網を見知らぬ上級生にお父さんは、奪われてしまった。その日から、おばあさんはお父さんを連れて毎日その公園に通った。数週間後、おばあさんは補虫網を取り返した。色は塗り替えられていたが、おばあさんの刻んだお父さんの名前が残っていた。おばあさんは、お金は大切に使うこと、泥棒は絶対に許してはいけないこと、そして決してあきらめてはいけないことを背中で教えてくれたんだ。

康平　自分が子どもの頃、お父さんが自分がバブルが来るっていう予想を立てて、それでも周りが信じてくれないからって、自分の予想の正しさを実証するために安月給のうちにローンを組んでマイホームを買ったから、けっこう貧乏な時代を過ごしていたとは母親から聞いてる。物心ついた頃には貧乏時代を越えていたから、それほど貧しい思いをしたっていう感覚はないけど。でも、貧乏時代は夕飯が「ひじき」だけみたいな話や、幼い頃の自分の口癖が「白米を食べたい」だったっていう話を母親から聞いて、かなり貧しい思いをしたんだなと、我ながら康平少年に同情はしたよね(笑)

お金が大事なものであるということは間違いないし、だからこそ、正しい知識をもってお金に接してほしいんだよね。日本でも金融教育が流行《はや》りだしたのはいいことなんだけど、投資のハウツーを教えていたり、内容もないのに高額な授業料を取ったりするようなセミナーがあるのには非常にもったいないなと感じている。結局、そういう誤った金融教育が普及すると、せっかくお金に興味を持った人たちがはめられて、また「お金=卑しい」とか「投資=危ない」みたいな概念が普及してしまう。

いろいろなところで言っているけど、金融教育には経済学と会計がベースに来るべきだと思うんだよね。そのうえで、金融教育の一部として資産運用の話があって、興味があればそこを深掘りしていけばいいのかなと。

卓郎　康平はどうやって経済学と会計を学んだの？

康平　経済学は昔からあるような分厚い経済学の教科書がベースだよね。ミクロとマクロ。お父さんがお絵かき用に持って帰ってきてくれたレポートの裏紙の表面を読むようになって、全く意味が分からなくて教えてくれってお願いしたら、自分で調べろって言ってマクロとミクロの経済学の教科書を渡されて、分からないなりに読み込んでいったのがきっかけかな。それで、基礎的な内容を理解し始めたら、発展的な内容が知りたくなったり、個別に深掘りしたい分野とかが出てきたりしたから、経済史とか財政の参考書も読みだした感じ。大学生になってから、個人投資家として株式投資を始めていくんだけど、だんだんとプロ（機関投資家）は何をやっているんだろうっていう疑問がわいてきたんだよね。

それで、入社1年目で運用会社に入って、最初は日本の中小型の株式アナリストをやっていたんだけど、入社して半年ぐらいしてから、「お前、経済のほうが詳しいだろ」みたいな話になって、それ以降は毎月1回の投資戦略会議で日米欧と新興国のマクロ環境について調査・分析結果を発表するようになったんだけど、その経験によって紙から得ていた知識を実際のデータと掛け合わせて、いかに精度の高い分析をするかとか、面白い投資シナリオを描くかっていうことを考えだしたかな。

卓郎　勝手にレポートを読んで、勝手に勉強する。「門前の小僧習わぬ経を読む」みたいなものか。会計は？

康平　株式アナリストのときに、先輩が財務分析についてすごく詳しい人だったので、つきっきりでずっと分析方法とかを教えてもらって、そこで基礎力が付いたと思う。でも、起業して自分で経理もやって思ったんだけど、アナリストと経理を両方経験したほうがいいと思った。

卓郎　なんで？

康平　アナリストって企業が公表している財務諸表を見て分析していくから、損益計算書の数字を使った分析や、貸借対照表の読み方とかのスキルは向上するんだけど、簿記の概念とかは身に付かないんだよね。自分で売上から経費まで、全部会計ソフトに入力するようになると、財務諸表が作られるまでの過程を自分で全部体験できるから、アナリスト時代とはまた違う視点で財務諸表を読めるようになった。金融教育の一環として、簿記3級ぐらいの知識は教えていいと思う。経済アナリストを名乗っていても会計の感覚がない人もいるしね。

卓郎　うん？　それはどういうこと？

康平　ちゃんと会計が分かっていて、コスト意識があれば、Ｂ宝館（卓郎が建てたコレクションを飾っている博物館）なんて建てないでしょ。毎年、多額の赤字を垂れ流している。

卓郎　まだ素晴らしさが理解されていない。息子にすら理解されていないんだから、国民が素晴らしさを実感するのにはまだ時間がかかるのかもしれないな。東京国立博物館の収蔵品数11万7０００件に対して、Ｂ宝館は展示点数が12万点なんだ。

これからの日本は1億総アーティスト社会になる。お前もアートを分かるようにならないといけないぞ。

康平　この本、金融教育がテーマなんだよね。

卓郎　失礼しました。

森永卓郎（もりなが・たくろう）
経済アナリスト、獨協大学経済学部教授。東京大学経済学部卒業。日本専売公社、経済企画庁、UFJ総合研究所などを経て現職。主な著書に『なぜ日本だけが成長できないのか』『消費税は下げられる！』『雇用破壊』（角川新書）など。『年収300万円時代を生き抜く経済学』（光文社）では、"年収300万円時代"の到来をいち早く予測。50年間集めてきたコレクションを展示するB宝館が話題に。
http://www.ab.cyberhome.ne.jp/~morinaga/

森永康平（もりなが・こうへい）
株式会社マネネCEO、経済アナリスト。証券会社や運用会社にてアナリスト、ストラテジストとして日本の中小型株式や新興国経済のリサーチ業務に従事。業務範囲は海外に広がり、インドネシア、台湾などアジア各国にて新規事業の立ち上げや法人設立を経験し、事業責任者やCEOを歴任。現在は複数のベンチャー企業のCFOや監査役も兼任。日本証券アナリスト協会検定会員。Twitterは@KoheiMorinaga

親子《おやこ》ゼニ問答《もんどう》

森永卓郎《もりながたくろう》　森永康平《もりながこうへい》

2019年 8 月 10 日　初版発行
2025年 2 月 5 日　5版発行

◆◇◇

発行者　山下直久
発　行　株式会社KADOKAWA
〒102-8177　東京都千代田区富士見2-13-3
電話　0570-002-301（ナビダイヤル）

装 丁 者　緒方修一（ラーフイン・ワークショップ）
ロゴデザイン　good design company
オビデザイン　Zapp!　白金正之
印 刷 所　株式会社KADOKAWA
製 本 所　株式会社KADOKAWA

角川新書
 ISBN978-4-04-082310-2 C0233